町山智浩・春日太一の日本映画講義

戦争・パニック映画編

町山智浩　春日太一
Machiyama Tomohiro　Kasuga Taichi

河出新書
011

はじめに——申し訳ないほど面白い！　日本の戦争映画の傑作群！

日本の戦争映画、といっても見たがる人は多くないでしょう。日本国民の三〇〇万人が犠牲になった、悲惨な負け戦だから。

でも、本書で取り上げた映画は違います。戦争の悲惨さ、残酷さは徹底的に厳しく描いています。それでいて、なおかつ、圧倒的に面白いんです！

『人間の條件』では、仲代達矢扮する主人公が、日本統治下の満洲で、次々と地獄を体験します。中国人労働者に対する虐待、軍隊内のいじめ、ソ連軍に追われての飢餓、ソ連軍の捕虜収容所内の元日本兵によるいじめ……。嫌なことしかない全六部の大作ですが、深く複雑なキャラクター描写と急展開する物語でぐいぐい引っ張られ、九時間半があっと言う間です。

『兵隊やくざ』も全九作、合計一三時間一八分で『人間の條件』と同じ満洲を舞台にし、中国人に対する差別や、軍隊内のいじめなど苦難の内容も同じですが、なにしろ主人公が勝新太郎だから、いたずらっ子みたいな笑顔で、上官だろうと何だろうと威張ってる奴やずるい奴らは片っ端から蹴散らして、日本人だろうと何人だろうと困ってる人々を助けます。その痛快さ！

『日本のいちばん長い日』は、第二次世界大戦における敗北を日本政府が国民に知らせた一九四五年八月一五日を描いた実録ドラマ。登場人物約一〇〇人で、台詞《せりふ》のある女性はたった一人。ほとんどのシーンは政治的な議論、という、どうにも娯楽性の無さそうな要素を、岡本喜八監督は、凄まじくテンポのいい編集で、息をもつかせぬエンターテインメントに仕上げており、そうした見せ方の点で、庵野秀明監督が『シン・ゴジラ』で大いに参考にした作品です。

その庵野監督の『新世紀エヴァンゲリオン』は、敵を迎え撃つ要塞となった常夏《とこなつ》の街が舞台でしたが、やはり岡本喜八監督の『激動の昭和史 沖縄決戦』に強い影響を受けています。大戦末期、アメリカ軍はいよいよ日本に迫り、沖縄に上陸しようとします。迎え撃つ日本軍は一般の島民、それも女子高生や中学生まで先頭に駆り出し、結果、島民の四人に一人以上が戦死する悲劇になりました。この映画も登場人物は約一〇〇人。そのほとんどが無残に死んでいきます。それなのに、それなのに、岡本喜八監督の演出はひたすらスピーディでリズミカル、ユーモアまであって、犠牲者に申し訳ないほど面白いのです。

小林秀雄はモーツァルトの音楽をこう表現しました。

「モオツァルトのかなしさは疾走する。涙は追いつけない」

岡本喜八監督の映画も、泣く暇もないほど痛快に突っ走ります。それは日本映画が元気だった頃のパワーの表れでもありました。

悲劇を大娯楽作品として見せきる日本映画の力技は、『日本沈没』でも発揮されました。なにしろ日本列島が海に沈んでしまうのだから、これ以上スケールの大きな悲劇はありません。それを映画の神様・黒澤明のスタッフが力強く描いて希望に満ちたドラマに仕上げ、さらに東京大地震や富士山大噴火は、特撮の神様・円谷《つぶらや》英二の弟子たちが凄まじいミニチュアワークで（CGなどない時代です）今見ても迫力満点に映像化、いってみれば日本が誇る二人の神様の夢の競演となりました。

『日本沈没』とともに海外で大ヒットした日本製パニック映画『新幹線大爆破』は新幹線に減速すると作動する爆弾を仕掛けるというアイデアが、ハリウッド映画『スピード』の元になったといわれますが、実は、この映画にも黒澤明は影響しています。それればかりかスタンリー・キューブリックも！　詳しくは本文をお読みください。

フィナーレは、日本が誇るスター、三船敏郎について。黒澤明作品のサムライ役ばかりクローズアップされますが、岡本喜八監督作の三船は、優しく、温かく、本人の人柄をしのばせる、味わい深いキャラクターなのです。そんな喜八&三船コンビ作品のなかでも、春日、町山ともに愛してやまない戦争映画『血と砂』について熱く語りました。明るく楽しいジャズ・ミュージカルの底に、神風特攻隊で若者たちが死んでいくのを目の当たりにした岡本喜八と三船敏郎の戦争に対する怒りが静かに燃えている素晴らしい映画です。

最近の日本映画はあまり戦争を描かなくなりました。惜しいことです。ジャン゠リュック・ゴダール監督の『気狂いピエロ』に、アフリカからヨーロッパ戦線に従軍した映画監督サミュエル・フラーが出演して「映画とは戦場のようなものだ」と言います。

「そこには愛があり、憎しみがあり、暴力が、アクションが、死があり、感動がある」

人々が映画に求めるすべてがある戦争映画、その傑作群をお楽しみください！

二〇一九年六月

町山智浩

目次

第一章

『人間の條件』——九時間半の満洲地獄篇

★満洲の鉱山で中国人労働者の管理を務める梶。脱走者の処刑に反対の意を唱えたことから召集され、前線に追いやられる……日中戦争時の満洲を舞台に極限下の人間を描いた五味川純平のベストセラーを小林正樹監督が映画化。第一・二部、第三・四部、完結篇（第五・六部）として公開された。
㊣一九五九年一月一五日（第一・二部）、一一月二〇日（第三・四部）、一九六一年一月二八日（完結篇）㊢にんじんくらぶ（第一・二部）、人間プロダクション＝松竹（第三・四部）、文芸プロダクションにんじんくらぶ（完結篇）㊨松竹㊔二〇一分（第一・二部）、一八〇分（第三・四部）、一八九分（完結篇）
㊎小林正樹㊕松山善三、小林正樹（第一部～完結篇）、稲垣公一（完結篇）㊚五味川純平㊟若槻繁（第三・四部）㊢若槻繁（第一・二部）、細谷辰雄（第三・四部）、若槻繁、小林正樹（完結篇）㊓宮島義勇㊫平高主計㊬木下忠司㊮西崎英雄㊩加藤隆二（第一・二部）、青松明（第三・四部、完結篇）㊑浦岡敬一㊤仲代達矢（梶）／新珠三千代（美千子）／山村聰（沖島）／佐田啓二（影山）／田中邦衛（小原）／岸田今日子（竜子）／金子信雄（桐原）／高峰秀子（避難民の女）

仲代達矢の抜擢

町山　内田吐夢《とむ》[*1]監督の『宮本武蔵』（'61～'65、「時代劇編」参照）と同じく、最初に見たのはテレビです。お正月に東京12チャンネルで一挙放送したんです。六部作の九時間半。原作は五味川純平さんが実際に体験した満洲での出来事を元に書いたベストセラーです。これは独立プロ作品ですよね。
春日　「にんじんくらぶ」[*2]でつくった作品です。それで、小林正樹[*3]監督は完全主義者なので自分が納得のいくキャスティングしかしたくない。超大作でベストセラーの映画化だけれども、主役は新人でイメージに合う奴を使いたい。配給する松竹は自社のスターである佐田啓二を希望したのですが、それを突っぱねて当時はまだ頭角を現しはじめたばかりの仲代達矢[*4]を主役にもってきています。

＊1　日本映画の創成期からリアリズムに貫かれた作品を撮り続けた。『土』（'39）『飢餓海峡』（'64）など。著書に『映画監督五十年』。
＊2　岸惠子・久我美子・有馬稲子らが設立したプロダクション。
＊3　社会派の映画監督。『切腹』（'62）『怪談』（'64）で二度カンヌ国際映画祭の審査員特別賞を受賞。
＊4　戦後日本を代表する俳優の一人。俳優座出身。『用心棒』（'61）『切腹』（'62）など。著書に『遺し書き』など。

町山　『用心棒』（'61黒澤明監督）の前だから、ものすごい大博打ですよね。
春日　仲代さんもマネージャーさんから連絡が来たときに「え、ほんと？」と驚いたらしいです。その前に同じ小林正樹監督の『黒い河』（'57）で仲代さんは初めて大役をやってるんですけど、〝人斬りジョー〟という悪役でした。『人間の條件』（'59〜'61）の梶というのはものすごい正義漢なので、まさか自分に回ってくると思わなかったと言ってました。
町山　仲代さんは悪役が多かったですよね、目が怖いから。『野獣死すべし』[*5]（'59須川栄三監督）とか。
春日　仲代さんが「なんで自分にしたんですか」と小林監督に訊《き》いたら、まさに「その目だ」と。最終的には狂っていって原野をさまようところで作品が終わるわけですけど、「あの目ができる奴が誰かいるかなと思ったら、ロケハンしながら真っ先にお前の目が浮かんだんだ」ということでキャスティングしたそうです。

戦時下を人間として生きられるか

町山　舞台は満洲国、日本が中国につくった傀儡《かいらい》国家で、実際は日本政府が支配しています。仲代達矢扮する主人公、梶は役人で、満洲の地下資源を掘って日本のために利用する仕事で、鉱山で中国人を奴隷労働させています。その満洲経営をしていた官僚が岸信介ですが、梶は人として自分の仕事に怒りを覚えています。そんなリベラルなインテリも当時の日本にはちゃんといたんです。鉱山での中国人の労務管理を任されて、日本人として恥ずかしくないように中国の人たちを人間的に扱うんだと誓うんですが、彼の理想はどんどん崩壊していく。
春日　錚々《そうそう》たる怖い人たちが待ち受ける。「ミスター悪」小沢栄太郎[*6]もいます。
町山　もう一人、すごい顔の人がいます。
春日　安部徹[*7]。高倉健の『網走番外地』シリーズ（'59～'72）の悪役をずっとやってた人です。
町山　今回は憲兵役。中国人を奴隷のようにこき使っている。
春日　そのトップに来た梶としては何とか状況を変えたいんだけれども、軍隊も含めてそうはさせねえぞという感じで争いが起きるのが第一部です。
町山　第一部、第二部は鉱山の労務管理の話。第三部、第四部は日本陸軍に徴兵された梶が、内務班といわれる兵舎に入るんですが、実際の戦闘はほとんどないにもかかわらず、

＊5　大藪春彦作品を映画化。仲代は冷酷な犯罪者を演じる。
＊6　俳優、演出家。千田是也らと俳優座を結成。映画出演作に『雨月物語』（'53）など。
＊7　戦後日活や東映映画で多数の悪役を演じる。

隊内のいじめで人が死んでいく。
春日　第三部で描かれるのは軍隊での初年兵教育です。で、第四部からいよいよソ連軍との戦争が。
町山　不可侵条約を破ってソ連軍が満洲に攻め込んでくる。
春日　大戦車戦というか、すごいアクションが行われます。戦車対人間。
町山　完結篇の第五・六部は日本の政府機能が完全に崩壊してた状態で、梶は生き残るために満洲から朝鮮に逃げる逃亡篇。
春日　敵中突破をどうやっていくかが第五部です。
町山　そして第六部がソ連軍に捕まっての抑留篇。
春日　どんどん敵が大きくなっていく感じですね。最初は鉱山の悪い奴らだったのが、第三部から上官たちになり、第五部はソ連軍になり、第六部は収容所。主人公が頑張れば頑張るほど状況が悪くなっていく。

完全主義者・小林正樹

町山　舞台は満洲ですから、とにかく風景が雄大です。見渡す限り地平線の彼方まで広がる荒野をパンする。これが素晴らしい。

春日　当時の北海道のサロベツでロケしています。中国やソ連は国交がなく撮影できなかったので、北海道でロケしたんですけど、ロケハンだけで半年くらいかかったらしいです。小林監督自身も中国戦線で戦っていた人ですから景色にこだわった。
町山　現地を知ってる。
春日　宮島義勇《よしお》*8カメラマンも同じく戦争で満洲で戦ってるんですよ。二人とも満洲の風景を知ってるので、ロケハンをやってる間「この空は違う。この雲は違う。満洲じゃない」と言って、満洲らしい所をピックアップしていった。特に印象的なのは鉱山のシーン、硫《い》黄《おう》の大きな塊があります。あれも北海道の鉱山でロケしてるんです。
町山　小林正樹監督について解説をお願いします。
春日　木下恵介*9という松竹の大監督の弟子だった人です。で、松竹というのはどちらかというとホームドラマを撮ってた会社なんですけど、小林正樹は特殊な映画づくりをしていた。安部公房の『壁あつき部屋』（'56）という戦犯の話とか、そういう社会派の映画をやっていた。また、捕虜の経験がある人でもあります。満洲で戦っていたら梶と同じでソ連

＊8　『ひろしま』（'53）『切腹』（'62）『怪談』（'64）など。著書に『「天皇」と呼ばれた男』。
＊9　松竹の名匠。『カルメン故郷に帰る』（'51）『二十四の瞳』（'54）など。

に抑留された。でも彼がついていたのは、その後で沖縄に転属されるんですね。しかも沖縄本土じゃなくて宮古島の防衛だったんです。沖縄決戦に参加していたら死んでいた可能性は高いですが、宮古島だったためにアメリカ軍の捕虜になるんです。捕虜生活をけっこう長くやってから日本に帰って松竹に入るという流れでした。本人も戦前から反戦意識が強い人なんですけど、その個人のそうした意識がどうにもならない悔しさを経験したことから、この映画にかける想いが強かった。
町山　原作者も監督も撮影監督も実体験をフィルムに焼きつけてやろうとしている。
春日　スタッフも軍隊経験者ばかりですからね。小林監督は完全主義者で、黒澤組でも天気待ちとよく言われますけど、この人も満洲と同じ雲じゃないとカメラを回しませんでした。第一部で中国人の捕虜が汽車に乗ってやって来て降りるシーンがあるんですけど、あそこは何回も撮り直してるんですよ。たくさんエキストラを集めて線路に汽車を走らせるというところで、「どうします？」「雲が違う。あれは北海道の雲で、満洲じゃない」と言って、それだけエキストラを集めているのに一週間待たせたという。
町山　ジョン・フォード[*10]監督が雲待ちで有名でしたけどね。
春日　それで後に『怪談』（'64）という映画を撮ったときに、最終的にはにんじんくらぶを潰すわけですけど。

町山　小泉八雲の映画化ですが、莫大な製作費を回収できなかった。
春日　カメラを切り返すのが嫌だと言って、いちいちセットを壊してまた新しくセットをつくっています。
町山　壁が外せるセットじゃなかったんだ！
春日　天気に左右されたくないと言って、日産車体の倉庫を借り切って、そこに大きなセットをつくって屋内撮影でもロングで撮れるようにしたりとか。
町山　完全主義者ですね。
春日　小林正樹に完全を求められたために仲代さんは悲劇的な目に遭う。役としても悲劇的なんですけど、本人がまたひどい目に遭う。
町山　物語の中でも外でも苛酷な目に。

仲代達矢の顔が変わっていく……壮絶な撮影裏話

春日　面白いのが、シリーズを追うごとに仲代さんの顔が変わっていくんですね。最初の梶は青っちょろい顔をしてるんです。

＊10　『駅馬車』（'39）など数多くの西部劇を監督したアメリカ映画の巨匠。

町山　左翼のインテリ役ですからね。
春日　それが第三部になると顔が変わってる。軍人として逞《たくま》しい。脱落していく兵たちを彼が引っ張っていくという役で。なんでそうなったのかと仲代さんに訊いたら、第一部・二部と、第三部・四部の間に一カ月間の合宿をやったらしいんです。松竹大船撮影所にセットみたいな感じで寮をつくって、そこで早起きの点呼から……。
町山　軍隊生活そのもの。
春日　そこで初年兵教育を受けたらしいです。スタッフが元軍隊経験者で、上官みたいな人がいるわけですよ。リアルに第三部を再現したみたいで、起きて着替えて軍装するまでを三分でやれと。それを毎朝やらされて、できなかったら殴られる。そこまで全部リアルに、田中邦衛も佐藤慶も皆それに参加してやって、銃の持ち方とか、軍の訓練と同じことを一カ月ずっとやらされたので、仲代さんは顔が変わってるんですよ。
町山　ハリウッドの戦争映画を撮影する際も、俳優にブートキャンプ（新兵訓練）をやらせるんです。軍隊と同じ生活を一週間とか二週間とかしてから撮影を開始する。カメラは回さないんですけど、なんでやると思います？　軍隊的な身のこなしを身につけるためじゃない。そんなのは一週間や二週間で身につかないから。必要なのは目なんですって。目が死んだらオッケーなんだって。目がきらきらしてると戦場に見えないから。疲れ果てたり理不尽なことを言われ続けると感情がだんだん死んでいって、兵隊の目になるんですって。
春日　そうか、軍人の目になるんですね。
町山　二週間くらいかかるそうです。ただ、松田優作[*11]監督は『ア・ホーマンス』（'86）を撮影するときに、それを一日でやった。ポール牧さんをトイレに閉じ込めまして、一日で手っ取り早く目を殺したと（笑）。
春日　小林正樹監督は最終的にはシベリアで荒野を漂っていく梶の目が欲しかったので、仲代さんにどうやってその目をつくっていくかで、ひどい目に遭わせるんですよね。逃げていくからには痩せてないといけないと。
町山　餓死寸前ですもんね。
春日　それで「お前、飯食うな」と言われて。
町山　うわぁ。
春日　「飯食うな。寝るな」と二つ言われたんですよ。
町山　うわぁ。

＊11　テレビドラマ『太陽にほえろ！』（'73～'74）『探偵物語』（'79～'80）映画『野獣死すべし』（'80）などで人気を博した青春スター。

春日　「そのかわり、酒だけは飲め」と言われて。
町山　え、なんで？
春日　酒だけ飲むと余計に痩せていくし、目が赤くただれていくから、狂気感がさらに強まるだろうということで。仲代さんは四日間、飯抜き、睡眠抜き、酒だけ飲まされて、北海道の荒野で撮影をやらされてました。
町山　今そういうことって、俳優の事務所が許さないですね。テレビと掛け持ちだったりするから。
春日　この作品ではむちゃくちゃなことやっています。軍装したまま沼に落ちたり。
町山　底なし沼、第三部。
春日　あの沼、実際には氷が張ってたそうです。
町山　北海道ですからね。
春日　寒い中で重しを背負ったままアクションするというのをやってるんですけど、「なんであんなのやれるんですか」と訊いたら、「『よーい、はい』がかかったらやれちゃうのが役者なんだよね」と仲代さん、おっしゃってました。

映画スターから舞台の実力派まで脇を固める俳優陣

町山　梶の同僚役は佐田啓二。[*12]松竹の看板俳優で超二枚目。ニヒリスティックなインテリで、この戦争は間違ってるとわかってるんだけども、どうしようもないと半ばあきらめている。
春日　梶には何人か理解者はいるんです。佐田啓二の上司であったり、あるいは山村聰《そう》。[*13]鉱山労働やってる時に山村聰がナンバーツーでいるんですけど、彼も梶と一緒に軍部と戦っている。
町山　彼も非人間的な中国人の扱いについて怒りを覚えている。山村聰さん自身がそういう人ですね。
春日　もともとインテリでリベラリストですからね。監督としてもそういう映画をつくってきた人です。

＊12　松竹の看板スター。『君の名は』（'53〜'54）『喜びも悲しみも幾歳月』（'57）などに出演、三七歳で事故死。中井貴一は長男。
＊13　重厚な存在感のある俳優。『東京物語』（'53）『世界大戦争』（'61）『トラ・トラ・トラ！』（'70）など。著書に『迷走千里』など。

町山　監督としては政治権力に批判的な映画を撮っていますが、俳優としては政治家や社長とか権力者役が多かった。
春日　ラスボスとか巨悪の役が多くなりましたね、テレビドラマとかで。
町山　貫禄があるから。この映画では気《き》っ風《ぷ》のいい男です。意外なのが宮口精二。[*14]『七人の侍』（'54 黒澤明監督、「時代劇編」参照）の居合の達人役で有名ですが、『人間の條件』では中国人労働者のリーダー役で枯れ切った老人です。彼らに日本軍がひどい虐待をするんです。人殺しの訓練に彼らを使ったりね。で、中国人役の俳優さんたち、みんな中国語をしっかり喋ってます。
春日　そこは新劇界の大物ですから。出演者を見ると、宮口精二と中村伸郎《のぶお》[*15]は文学座の創設メンバーで、小沢栄太郎と三島雅夫[*16]は俳優座の創設メンバー。
町山　映画俳優より、新劇の俳優さんで固めてるんですね。
春日　仲代達矢さんも俳優座の若手です。現場に行くと神みたいな大先輩に囲まれている状態で。
町山　新劇の俳優さんは、映画会社で育てられた俳優とは違う演技メソッドですね。
春日　彼らに囲まれて夜は「麻雀するぞ」と言われて、先輩だから断れなくて。仲代さんは麻雀弱いらしいんですよ。ひたすらカモられて、第一部、第二部のギャラは彼らに吸い取られたと言ってましたね。
町山 昔は、映画会社ごとに俳優を育てていたんですけど、チェーホフとかイプセンとかの舞台劇をやってる人たちが映画に入ってきた。
春日 彼らは共産党シンパだった。
町山 ロシアの芝居が多かったし。
春日 それで、『人間の條件』のように独立プロで左翼的メッセージがある映画には、彼らはどんどん出ていくようになります。山本薩夫監督の映画もそう。皆さん、イデオロギーのために出ていた。

若手俳優を呼んできたのは……

町山 第三部、第四部の話をしましょう。

＊14 文学座の俳優。『七人の侍』（'54）の剣の達人・久蔵役で有名。
＊15 新劇の重鎮で映画やテレビには主に脇役で出演。小津安二郎や黒澤明に重用される。『彼岸花』（'58）『秋刀魚の味』（'62）など。
＊16 戦前から舞台に立ち、映画にも多数出演。

春日　梶は初年兵教育を受けることになり、兵舎で先輩たちからひたすらひどい目に遭うという展開になります。共演者も変わります。第二部までは仲代さんは先輩たちと共演していたのが、今度は兵舎の中の話ですから、ほとんどが同年代になってくる。それで小林監督としては色のついた役者は使いたくないというのがあったので、仲代さんに訊いたらしいです。「いい奴がいたら紹介してくれ」と。どんな役かを小林監督から聞いて、まずは一人だけ、古参兵だけどもなかなか初年兵から上がれなくてひねくれ者の男。「それならぴったりな奴が一人います。いるんですけど、今病気で会津で療養中なんです」と。それが佐藤慶[*17]。佐藤慶を東京に呼んできて渋谷で面接したら、すぐにぴったりの奴だと。仲代さんと佐藤慶は若手の頃から相当ひねくれていたみたいで、オーディション受けに行ってるのに、俺たち受かりたくねえよみたいな顔をして、髭生やしたままでだらだらやっていたという。佐藤慶の役はひねくれ者が多いですけど、あれは地に近い。そしてもう一人、「純粋でナイーブで脱落していく男はいないか」ということで、「後輩にいいのがいます」と田中邦衛[*18]が抜擢される。
町山　田中邦衛の映画デビュー作ですね。
春日　田中邦衛も佐藤慶も実質的なデビュー作です。仲代さんが連れてきたわけです。もう一人、今度は仲代さんの後輩に、純粋に仲代さんについていく青年はいないかということで、川津祐介[*19]を引っ張ってくる。この三人は仲代さんが連れてきてるんですよ。
町山　劇中の人間関係も川津さんが仲代さんを先輩と慕う役ですね。
春日　この四人は実際にも仲が良くて、前は仲代さんがひたすら先輩から麻雀でカモられたんですけど、今度はみんな仲が良すぎちゃって、撮影も苛酷なので、終わったら飲んでどんちゃん騒ぎして。ドボン（トランプ）をずっとやってて皆でお金がなくなったらしいです。それで第三部、第四部はほぼ二日酔いで現場に行ってたらしいです。二日酔いでよくあんなに爆弾の中を走ったり戦車に潜り込んだり。「今思うと驚くけど、あの顔、よく見たら二日酔いの顔してる」と仲代さんはおっしゃっていました。

＊17　俳優座出身。『青春残酷物語』（'60）以降、大島渚監督作品の多くに出演。存在感のある冷徹な悪役などを演じた。
＊18　俳優座出身。『若大将』シリーズ（'61〜'81）、『北の国から』（'81〜'02）など多くの映画やテレビドラマに出演。
＊19　松竹で『青春残酷物語』（'60）などに出演後フリーに。他『剣』（'64）など。『ザ・ガードマン』（'65〜'71）などのテレビドラマにも多数出演。

凄惨に描かれる軍隊内のいじめ

町山　これ、戦争映画なのに実際の戦闘シーンがほとんどなくて、隊内でのいじめだけなんですよ。それがまた戦争に勝つことと全然関係ない、どうでもいいいじめばかり。
春日　ちょっとした落ち度を見つけてはビンタ、あるいはグーパンチをかましてくる。
町山　体罰は一応、軍規では禁止されてるんですよ。梶がそれを指摘すると、また殴られる。日本は、今もサービス残業なんかそうですが、ルールが通用しない。
春日　「上官に逆らうとは何事だ。帝国軍人たる者が」で終わっちゃうという。
町山　梶は戦闘能力が高くて、射撃の腕は一番なのに、まったく評価されない。で、田中邦衛が『フルメタル・ジャケット』（'87　スタンリー・キューブリック監督）の微笑みデブ君みたいにスケープゴートにされていく。
春日　彼だけ運動神経もよくなくて、銃もうまく撃てないし。歩行訓練も遅れていったりするので。これがまた田中邦衛がぴったりで。
町山　田中邦衛じゃなきゃできない役ですね。
春日　若い頃の田中邦衛が痩せてて、痩せてるけど顔の雰囲気は素朴なまま変わってないので、本当にいじめられてる感がリアルなんですよね。仲代さん、よく見つけたなと。
町山　行軍訓練は重い荷物を背負って歩くだけなんですけど、それについていけない。その田中邦衛を見捨てるか見捨てないかの葛藤がある。まぁ、隊内のいじめはアメリカ軍もやってましたけどね。『地上《ここ》より永遠《とわ》に』（'53 フレッド・ジンネマン監督）ではそれが描かれてました。
春日 軍隊という閉鎖空間がそういう状況を起こしている。
町山 そこに梶の奥さんの新珠《あらたま》三千代[*20]が面会に来るシーンがいいんです。
春日 服を脱いで梶に抱かれる。
町山 奥さんと一夜限りの契りを交わす泣けるシーンです。そこ以外は、本当に嫌なシーンばっかりなんですが、テンポが速くて、嫌だなと思ってもすぐにシーンが変わるから見ちゃうんですよね。岡本喜八の映画（本書第三、四、七章参照）もそうですけど。
春日 粘っこくは撮らないですもんね。さっといく。
町山 さ、次行ってみよう！というドリフ的な。
春日 嫌なことがありました。さ、次の嫌なこと行きましょう。みたいな。
町山 実はこの頃の映画のほうが、今のテレビドラマよりもテンポが軽快だったりもしま

＊20 宝塚歌劇団出身。東宝の看板女優として活躍。『洲崎パラダイス赤信号』（'56）など。主演テレビドラマ『細うで繁盛記』（'70～'74）がヒット。

すね。
「俺が殺したんだ！」
町山　第四部の最後に、日本がアメリカとの戦争に負けるとなって、ソ連軍が卑怯にも不可侵条約を破って満洲の国境を越えてくる。戦車でね。あれは自衛隊ですか？
春日　自衛隊ですね。
町山　塹壕《ざんごう》の中に飛び込んで戦車をよけるのをワンカットで撮ったり。
春日　スタントなしで撮ってます。しかも二日酔いで。
町山　あと千《ち》秋実《あきみのる》[21]が嫌な役なんだ。この人は『七人の侍』だとすごく優しい侍の役だったけど、これは嫌な奴で。内務班ではいじめばかりしてるくせに、実戦でまったく役に立たない。で、ソ連軍に蹂躙《じゅうりん》された後に、塹壕に入って生き残った兵士が息を潜めてる。声を立てたらソ連軍に殺されるから。すると、沈黙に耐えられなくて千秋実が「ワーーーッ！」と言うんですよ。すると梶が「だめだ！　声を立てたら殺されるぞ！」と言って千秋実を殺しちゃう。で、梶は塹壕の外に出て「俺が殺したんだ！」と叫ぶ。聞こえるわ、お前！
春日　ついに手を汚してしまった。

町山　人を殺してはいけないんだ、と言っていた主人公が自分の手で味方である彼を殺してしまう。そこで第四部が終わる。
春日　バサッと終わる。
町山　昔の映画なのでエンドクレジットも何もなくて、映画館で見ると、いきなり明るくなって「フィルム切れたんじゃないの？」と思いますよね。

ソ連軍から地獄の逃避行

町山　戦争はあっさり負けてしまって、梶たちは敗走します。これが地獄なんです。
春日　凄まじいですね。
町山　ソ連軍が入ってきて、満洲帝国は崩壊します。満洲には日本人がたくさん開拓民として移民してるんですが、彼ら民間人を残して、軍隊は勝手に先に逃げちゃう。取り残された開拓民は自力で日本に帰るしかない。ソ連軍が入ってきたって民間人なんだから何もされないだろうと皆さん思うかもしれないですが、このとき満洲に派遣されたソ連軍というのは、血も涙もない奴らなんですよ。懲罰部隊といって、やくざ者とか囚人を送り込ん

＊21　『七人の侍』（'54）『隠し砦の三悪人』（'58）など黒澤作品に多く出演。

でる。ドイツ軍の懲罰部隊ではアインザッツグルッペンが有名ですよね。移動虐殺部隊で、ウクライナとかベラルーシのほうだとユダヤ人をアウシュビッツまで汽車で運ばなきゃならないから経費がかかるといって、彼らの村まで殺しに行ってた。そういうならず者たちをソ連は満洲に送ってきた。だから女の人は片っ端から犯されて、男の人は殺される事態になった。でも梶は他の日本軍のように民間人を見捨てる人じゃないですから、開拓民を連れてソ連軍から逃げるんですけど――これがすごい。
春日　ソ連軍に見つからないように逃げるサスペンスとともに、そこでの人間模様とサバイバル。
町山　食べ物がない。赤ん坊とか子どもとかいるんですよ。赤ん坊はずっと泣いているんですが、そのうちに泣き声が聞こえなくなる。恐ろしいです。
春日　第五部はただひたすら逃避行。
町山　梶は食べ物がないまま民間人を連れて森に入っていきます。その間、どんどん人が死んでいく。一緒に逃げる慰安婦の一人が岸田今日子[*22]なんですけど、彼女、この映画の中ですごくいいです。これは体験者である五味川純平のリアルだと思うんですけど、食べ物がなくてソ連軍に追われ、生きるか死ぬかなのに、日本兵たちはなぜかセックスしようとするんだよね。

春日　ムラムラしてる。お腹空いて生存本能とかが増してくるんですかね。
町山　で、狙われるんですよね、岸田今日子が。今、お客さん、「へ？」という顔をしましたね！
春日　「本当に誰でもいいのか」みたいな顔してる。
町山　失礼だな！　この頃の岸田さんはすごく綺麗なんです！　で、とにかく第五部は地獄編。木の根っこまで食べたり虫食べたりとか。『セデック・バレ』（'11　ウェイ・ダーション監督）という映画で、日本統治下の台湾で、セデック族、かつて高砂《たかさご》族と呼ばれた高地民族が日本軍に抵抗してゲリラ戦になっていくんですけども、前に戦闘したときに女子どもを敵に人質に取られたことがあったので、あらかじめ女子供がジャングルの中で全員自決するんですすよ。あれにそっくりなんです。
春日　これもそうですね。ソ連軍が待ってるわけですから。「中国はましだけどソ連はやばい」って台詞《せりふ》でも言われているんですよね。ソ連に捕まったらまずい。
町山　中国軍だったら子どもも助けてくれるけど、ソ連軍は皆殺しにするから。

＊22　文学座出身、円の女優。舞台・映画・テレビ・声優まで幅広く活躍。映画『黒い十人の女』（'61）『砂の女』（'64）、テレビドラマ『傷だらけの天使』（'74～'75）など。

春日　道を反対側に渡る。それだけのことが大変なんですよね。
町山　あそこで梶はまた人を殺すんですよね。千秋実に続いて二人目です。
春日　人が変わりますよね。
町山　そう。生きるために。
春日　奥さんに会うために俺は鬼になるという感じで。生き抜くために非情になっていく。
町山　妻に会うために、敵でも味方でも殺します。
春日　顔が全然違いますもんね。第一部の顔と完結篇の頃の仲代さんの顔が凄まじく違う。
町山　あと本当に痩せて頬がげっそりこけてる。
春日　本当に監督から食べさせてもらえなかったので。
町山　とにかく第五部は岡本喜八監督の『激動の昭和史 沖縄決戦』（'71、本書第四章参照）と同じくらい強烈。
春日　梶の周辺に物語が絞られてるだけに生々しいです。
町山　梶は最初、ソ連との国境地帯にいます、そこから朝鮮までは日本の本州縦断くらいの距離なんですよ。
春日　それを食糧もない、武器もない、女子供を連れてる状態で行くという。

満洲開拓民、性と死のサバイバル

町山　満洲開拓民の女子高生役が中村玉緒[*23]さんです。今の中村玉緒さんに頭の中でセーラー服を着せないでくださいね。
春日　若い頃は若いですから。
町山　可愛いんですよ、この頃は。弟と一緒に逃げてるんですけど、すでにソ連兵に中村玉緒さんは一回犯されてる。もう弟のためなら何でもする覚悟なんですが、そこにつけこむのが金子信雄。[*24]『仁義なき戦い』（'73 深作欣二監督）の山守親分です。
春日　悪い男ですよ。
町山　桂ざこば師匠みたいに「悪いやっちゃ！」と言いたくなります。玉緒さんを犯しますからね。勝新によく殴られなかったね。
春日　まだ出会った頃ですかね。
町山　勝新が知ったら八つ裂きにしてますよ。

＊23　大映の女優。『大菩薩峠』（'60）など。六二年に勝新太郎と結婚。九〇年代中盤からはバラエティでもお馴染みに。
＊24　日活アクション映画や東映やくざ映画などで悪役を多く演じた。料理研究家としても活躍。

春日　そういう男と女の絡みがありながらサバイバルで逃げていくという。凄まじいです。
町山　食べ物と暴力とセックスと殺しとで、どろどろしたものが全部詰まってる。
春日　人間の欲が全て露悪的になっている。
町山　戦闘も延々と続く。軍は完全に崩壊してるんですよ。日本は降伏した後だから。指揮系統もなく、統率がまったく取れない。要するに武器を持っているだけの、兵士の格好をしているだけの男たち。たとえばあのへんに敵がいるかもしれないとなると「ちょっとお前、先に行け」と言って民間人を行かせて、そいつが撃たれるのを見て「危ねえな、こっち行こう」と。もうマルクス兄弟の『我輩はカモである』[*25]（'33レオ・マッケリー監督）みたいな世界になっていきます。
春日　梶も率先してそれをやっていきますからね。
町山　もう俺が生き残るにはそれしかない！ということで。
春日　ダーティワークをやっていく。
町山　全員が人間の條件違反です。第六部では開拓団で高峰秀子[*26]さんも登場します。清純な高峰秀子さんが。
春日　開拓村の村長の役ですから。てきぱきとして軍隊をよせつけない怖さをもってる。
町山　逞しい女性です。

春日　普段の高峰さんに近いイメージですよね。仲代さんにもダメ出しがすごかったらしいですから。「舞台出身の人は演技が大きくて嫌ね」とか。高峰さんは映画育ちですから、仲代さんもそれによって教えられたようで、「僕が映画の芝居を教わったのは高峰さんだ」とおっしゃっているくらいです。ここに出てくるのは『二十四の瞳』（'54 木下惠介監督）の先生とかじゃない、怖い高峰秀子。
町山　生き残るためなら何でもする女性。だから梶に「あんた、私とセックスするの、しないの」と言うんですよ。それは「好きよ」みたいなことじゃなくて、「抱かせてあげるから、私を守りなさい」という意味なんです。もう戦争に負けたから、金はあっても意味がないんですね。食べ物もないから、セックスしか売り物がない。だから「取り引きしましょう」と。でも梶は妻に再会することだけが心の支えだから、高峰秀子の申し出を拒否します。するとここで川津祐介が代わりになるんですよ。童貞なので。
春日　『剣』（'64 三隅研次監督、「時代劇編」参照）のときと正反対ですね。

＊25　戦争ブラックコメディの名作。
＊26　日本映画を代表する女優の一人。『二十四の瞳』（'54）『浮雲』（'55）など数々の名作に出演。エッセイストとしても知られる。著書に『わたしの渡世日記』など。

町山　で、兵士と開拓団の女たちのセックスシーンがものすごく生々しいんだ。体を重ねているところを即物的に映すんですね。ロマンティックでもエロティックでもない。地獄の中で生きてることを確かめるためのセックス。あまりに殺伐としてて見てると嫌になってくる。
春日　ウエットな感情を見せるとかエロティックな感情をこちらにもたせるためのセックスシーンじゃなくて、本当にこういう営みがここで行われたという記録のための演出ですからね。
町山　ソ連軍に犯されるよりは日本兵のほうがマシ、みたいな。
春日　全ては生き延びるため。

さらなる地獄、シベリア抑留

町山　このように食糧とセックスの地獄かと思ったら、第六部はもっとひどくなる。
春日　本当の地獄が待っていた。
町山　地獄の底にまだ地獄があるの？みたいな。
春日　第六部で投降みたいな形で、もう耐えられないということで、ソ連軍に捕まるんですよね。

町山　これ以上は耐えられないからソ連軍の捕虜になっちゃう。その時点では、梶はまだソ連に対して少し幻想があるんです。
春日　もともと左翼的な人間でしたから、共産主義というものはいいものだと。
町山　ソ連は理想の社会で、皆平等で、という幻想を抱いてるんですよ。ところが――。
春日　シベリア抑留が待ってたわけですよ。
町山　ソ連は日本兵をシベリアの収容所で強制労働させます。で、ソ連は捕虜を統率するために、日本兵だった頃の上下関係をそのまま使うんですよ。だから第四部までで描かれてきた嫌な上下関係がそのまま第六部で復活するんです。
春日　しかもシベリアだから状況はさらに苛酷になっている。
町山　日本軍は滅んだのに、ソ連の収容所内で上下関係だけが生きている。ソ連軍は面倒くさいから、捕虜たちに自治させるんですね。そうすると上官として威張るのが金子信雄。
春日　最悪の男が待っていた。
町山　また意味もなくいじめ、いじめ、いじめ。
春日　シベリア抑留されたら、皆で一生懸命――。
町山　協力して戦えばいいじゃないかと思いますけど。『大脱走』（'63ジョン・スタージェス監督）みたいにね。

春日　日本だと『大脱走』みたいなヒロイックな話にならないんですよ。
町山　そこで標的にされるのは川津祐介さんです。弱そうな者を見ると金子信雄の目がきらっと光るわけですよ。
春日　サディストですからね。
町山　川津祐介、ぼろぼろぼろになります。
春日　本当にぼろぼろの顔してますよね。
町山　ご飯を食べさせてもらえないから。
春日　小林監督は食べさせてないし、たぶん精神的にも追いつめてると思います。
町山　ソ連軍が捕虜に食糧を配給すると、上官が取っちゃうんです。一般の兵隊たちは汁だけ。栄養失調で死んじゃうから、必死で残飯を漁ってると、それさえも上官が許さない。
春日　どっち行っても地獄。
町山　シベリア抑留についてはいろんな人が体験記を書いてますけど、そこに共通するのは、敵はソ連兵ではなく、同じ日本人だったということです。
春日　その悪の象徴としては金子信雄はぴったりですね。全ての憎しみと悪をここに凝縮してます。
町山　九時間いっきに見ると、延々と地獄が続いて疲弊しきったあたりで、金子信雄のいじめが最高潮に達する。見てるほうも川津祐介状態。
春日　早く死なせてくれ――くらいの感じです。
町山　川津祐介と自分の区別がつかない。俺、川津？みたいな。まさに「井の中の川津」。で、九時間二〇分くらいでやっと仲代達矢が爆発します。
春日　ここで覚悟を決めるわけですよ。
町山　素晴らしかったですね。
春日　あそこはぜひ見てもらいたいですね。
町山　ぶっとい鎖を回しながら、てめえこのやろう！と。
春日　これは見てほしいですね。気持ちいいです。
町山　映画史に残る悪役の倒し方をするんです。浅草の名画座のオールナイトで見たときは、客席から拍手が起きました。
春日　あそこのお客さん、元気ですよね。
町山　出入りが自由なので、途中でうどん食べて帰ってくる人とかいますので（笑）。
春日　いろんな鬱屈抱えてる人が来てそうですよ。
町山　競馬に負けたとか。
春日　競馬帰りの人、多かったです。近くにウインズありますから。

町山　今日も仕事にあぶれた人とか。競馬を客席でラジオで聴いてる人もいてね。それがみんな、金子信雄退治で拍手ですよ。後からつくられた映画ですが『仁義なき戦い』の菅原文太[*27]の恨みも晴らしました。『仁義なき戦い』を見て、最後までのうのうと生きてる山守親分への鬱憤が晴れない人は、ぜひ『人間の條件』を見てほしいですね。

小さな雪山になった

町山　梶はついにシベリアから脱出して満洲の国境地帯に入りますが、ここでまた大変なことに。
春日　あの狂気の目をやれるのは仲代さんだけということで抜擢されてますから、小林正樹監督は徹底して追い込んでいく、寝かさない、食糧を与えない、酒だけ飲ませる状態で、梶が荒野をさまようシーンを撮る。
町山　がりがりで、目だけが爛々《らんらん》と光って。満洲の雪の荒野をずっと歩いていくんですけども、力尽きて。
春日　ラストシーンの撮り方もリアリズム。倒れたところに雪が積もっていって「〈梶〉がばたりと倒れた。すると雪が降り積もって小山になった」というので原作は終わるんですけど、本当に仲代さんは雪山にさせられました。北海道の原野で雪が降ってる中を歩かされて、ばたっと倒れたところに雪が降っていくんですよ。「雪が積もるまで立ち上がるな」と言われていて、本当に雪山ができて。仲代さんはだんだん気持ちよくなってきたらしいんですよ。
町山　凍死ってそうなんですよね。凍死寸前ですね。
春日　遠くで「オーケー」と聞こえて、助監督たちが来て雪をワーと払って。すぐ温まると凍傷になるので体をまずパンパン叩いて血行をよくして、そうしながら周りを見たら、小林監督と宮島カメラマンがいないということに気づいて。普通これだけやったら「ご苦労さん！　よくやったね！」となるんですけど、二人だけ車に戻ってた。
町山　狡《ずる》いじゃん！
春日　仲代さんが車に戻って、後部座席に二人が座ってて、仲代さんが助手席に座ったら、そこで「お疲れさま」とかあると思ったら、一言も何も言わなかったという。だから仲代さんはそこから「鬼の小林」と呼んでるんです。「鬼の小林、仏の喜八」と仲代さんはよく言うんです。仕事でこれくらいするのは彼らにとって当然で、だから労《ねぎら》いの言葉がなかったんだと仲代さんは受け止めています。

＊27　『仁義なき戦い』（'73〜'76）『トラック野郎』（'75〜'79）などのシリーズで人気を博す。

町山　新人だったから、小林監督のやり方が普通だと思ったんですね。
春日　仲代さんはこれが基準になっちゃってるから、この後も五社英雄の『御用金』（「時代劇編」参照）で雪の中で木に吊るされたりとか草鞋《わらじ》で崖を登らされたりとか何でもやってるんですけど、それは凍死寸前までが当たり前だと思ってたから。
町山　北海道の原野で雪に埋もれるよりはましだと。
春日　仲代さんはそれくらいむちゃくちゃな中で撮っていました。
町山　『人間の條件』、最後まで報われない。金子信雄退治だけが一服の清涼剤で。
春日　あとは九時間半ひたすら地獄を味わわされる。
町山　戦争を観客に体験させるための映画ですからね。

主人公が求めてさまよう愛しい妻は……

町山　あ、清涼剤はもう一つあった。新珠三千代さんですよ。ほんとに女神のような存在でね、戦争で誰もが欲望むき出しの人でなしになる中で、新珠さんだけが「おほほ」と浮世離れして。
春日　途中から人間じゃないというか、梶にとっての妖精なんですよね。だから美千子さんという言葉が一つの宗教みたいになってます。新珠さんが絶対に戦地になじまない女性で、これは小林正樹のリアリズムというか、その人のそのままのパーソナリティに近いものをけっこう持ってくる。
町山　生活感が全然ないんだ。
春日　新珠三千代がそういう雰囲気をまとった人でもあるんですよね。戦地で一人だけ輝いてる女性として存在する。これが高峰秀子だったら戦場に馴染《なじ》んじゃう。
町山　現実感がある。でも新珠さんは現実感ゼロ。
春日　星なんですよ。最後までその星を求めてさまよっていくという話ですから。
町山　途中から本当に現実に存在しているかどうかもわからなくなってくる。
春日　幻影を見だしますからね。そのくらい現実感がない女性じゃないとこの役は成り立たなかっただろうなと思います。そこは小林正樹監督がうまく狙ったんだろうな。
町山　いわゆるオデッセイですね。『オデュッセイア』というのは、トロイ戦争に出征した知将オデュッセウスが奥さんのもとに帰ろうとして地獄巡りをする古代ギリシアの話です。梶は帰れないんですけども。

『虹色のトロツキー』に影響を与えた？

町山　『人間の條件』は映画以外にも、さまざまな作品に影響を与えていますね。たとえば、山上たつひこのマンガ『光る風』という名作がありますね。日本が近未来に軍事独裁国家化して、その中で左翼の主人公が戦っていくけれども、時代の流れに負けていく。愛する彼女も失ってしまう。彼女の骸《むくろ》を抱いたまま、一歩一歩歩いていくんですが、ついに最後は力尽きて倒れて死んでいく。あの最後は『人間の條件』に影響されたなと思います。もっと似てるのが安彦良和《やすひこ》先生のマンガ『虹色のトロツキー』。何しろ舞台が満洲国で、主人公は最初は梶と同じようなヒューマニストです。で、日本軍に入りますが、ノモンハン事件でソ連に惨敗し、満洲の荒野で愛する妻に再会しようと一歩一歩歩いていくんですが、力尽きて死んでいく。この終わり方もまた『人間の條件』の影響下にあると思います。
春日　この映画自体、大ヒットしましたからね。
町山　あと、デヴィッド・リーン[*28]監督の『ドクトル・ジバゴ』（'65）と似てるという印象をもつ人が多いと思います。『ドクトル・ジバゴ』は、ロシア帝国から始まります。ロシア帝国は国家に反対する人を片っ端からシベリアに送って強制労働をさせていた、ひどい国だったんですね。主人公のジバゴは医者で、ロシア帝国のやり方に憤っているんですが、ロシア革命が起きて、いい世の中になると思ったら、ソ連はもっと恐ろしい国で。ジバゴはインテリだというだけで弾圧されてロシアをさまよう。最後は自分が愛した女の面影を追いかけて倒れて、そのまま死んでいく。原作者のパステルナークが『ドクトル・ジバゴ』を書いたのと、五味川純平さんが『人間の條件』を書いたのは、ほとんど同じ時期なので、互いに影響はないんですけどね。
春日　そういう共鳴し合う時代背景があるんですね。
町山　ソ連に対する幻想が崩壊していって、非人間的な実態がわかってきたと。この頃、日本共産党はソ連と決別します。『人間の條件』には日本共産党系の俳優さんがいっぱい出てますけど、映画はソ連批判で終わりますね。

五味川純平が描いた姉妹編『戦争と人間』

春日　五味川純平は、『戦争と人間』もそうですけど、「中国はいいけどソ連は悪い」という描き方をしますよね。
町山　そう。その後、日本人にとっての理想国家は毛沢東の中国になって、八路軍（中国共産軍）が理想化されますが、それもインチキでしたね。
春日　後に『戦争と人間』（'70〜'73 山本薩夫監督）をやったときは、徴兵された兵士役の山本圭が前線で中国軍に降参するということで幸せになるという流れになってきますから。

＊28　イギリスの巨匠。『戦場にかける橋』（'57）『アラビアのロレンス』（'62）でアカデミー賞監督賞。

町山　そう、五味川純平はその後、『戦争と人間』という小説を書きます。これも映画化されました。
春日　日活オールスター映画。
町山　カラーで撮られた大作。
春日　山本薩夫[*29]監督だけあって、大きな視点から全ての階層の話をする。財閥から軍部、馬賊から抗日戦線から現地民から、全部の話を入れてラブストーリーにしちゃったりとか、わかりやすいエンターテインメントをやっていく。
町山　『人間の條件』は梶という男のドラマで、時代の状況はまったくわからないんですけども。
春日　個人のドラマですから。
町山　ガンダムみたいなものですよ。アムロの視点でしか見えない。
春日　『戦争と人間』は『Ｚ《ゼータ》ガンダム』かもしれない。
町山　大局とか政治が視野に入ってる。どうして戦争になったのかを見せていくのが『戦争と人間』。
春日　全てを描いていくので、じっくり進みます。日中戦争、盧溝橋《ろこうきょう》事件が始まるまでが前編ですからね。

町山　ところが興行的には当たらなかった。
春日　シリーズが続いている間に、日活が経営難でロマンポルノ専門に路線変更してしまったんです。それでノモンハンで終わってしまった。

それは原作者たちの実体験

町山　『戦争と人間』も内務班のいじめ描写がきついですね。原作者の実体験だから。ちょっと、これは説明したほうがいいんですが、軍隊内での体罰は上官から食らうんじゃないんですよ。一年先輩、二年先輩の兵士からむちゃくちゃにいじめられる。
春日　部活と同じですよね。一年先輩なだけで偉いと思い込んで。
町山　階級は別に上じゃないのにめちゃくちゃ威張って殴る。『人間の條件』では、パンチが実際に当たってるように見えますね。
春日　これを撮ったのは宮島義勇という、宮島天皇と呼ばれた大カメラマン。この人は基本的に小林正樹監督に先行してカメラアングルを決めていく。
町山　撮監はそういうものですね。

＊29　社会派映画の巨匠。『白い巨塔』（'66）『戦争と人間』三部作（'70～'73）など。

春日　小林監督もまたそれを許していた。カット割りも宮島さんが決めちゃうんですね。あのシーンに関してはワンカットでいくと言って。普通のアクションシーンで殴る時はアングルを利用して拳を当ててるように見せる。それはカット割りがあるからできるんですけど、ワンカットでやるということはそのごまかしができなくなるわけですよね。ですからあのシーンはリアルにぶつける。全部、宮島カメラマンの指示だったそうです。仲代さんは終わった後、顔が腫れ上がったらしい。
町山　モノクロですけど殴られた顔が明らかに腫れてるんですよ。
春日　その感じもちゃんと映したいと。だから恐ろしいコンビなんです。
町山　カットを全然切ってない。ずっと長回しで。
春日　ぼこぼこにやられてるシーンは、実際にぼこぼこにやられてるというところですからね。恐ろしいですよ。
町山　見てると本当に嫌になりますよ。
春日　嫌になります。
町山　こんなことしてて何なんだろうと思います。
春日　梶もひどい目に遭ってますけど、仲代さんもまたひどい目に遭ってるので、ある種のドキュメントでありメタな状況なんですよね。だから余計に生々しく伝わってくる。

町山　原作者・五味川純平自身が隊内のいじめ体験を徹底的に詳細に描いています。大西巨人という作家も軍隊内のいじめ体験を『神聖喜劇』という小説に書き、それもベストセラーになっています。まだ映画化されてないですが、荒井晴彦氏[*30]がシナリオにしてますね。
春日　軍隊内のいじめですと、『真空地帯』（'52　山本薩夫監督）という映画もあります。
町山　隊内で殴られる人のほとんどはインテリなんです。つまりお坊ちゃん。で、貧乏だったり苦労してる人が憎しみをぶつけてくる。
春日　「生意気だ」といきなり言われるというね。『人間の條件』で田中邦衛は奥さんのいる役で、そういう奥さんのいる奴とか頭のいい奴とかもともと金持ちだった奴が、理由をつけてやられる。
町山　逆に、平時には話し合うこともあり得ない、貧しい庶民と大卒のインテリが友情を結ぶこともあったようですが。『拝啓天皇陛下様』（'63　野村芳太郎監督）は、渥美清[*31]が、親もなく学もなくて字も読めない孤独な男で、軍隊に入って初めて人並みに扱ってもらえて天国だと思うんですね。で、長門裕之[*32]扮する主人公、早稲田大学卒のインテリと仲良くな

＊30　脚本家、映画監督。『映画芸術』編集長。著書『昭和の劇　映画脚本家笠原和夫』など。
＊31　『男はつらいよ』シリーズ（'69〜'95）の車寅次郎で国民的スターに。

る。原作者・棟田《むねた》博の軍隊経験が元になっています。それとよく似ているのが『兵隊やくざ』（第二章参照）ですね。
春日　『兵隊やくざ』は勝新ですから、いじめたほうが痛い目を見るんですよね！

＊32　『太陽の季節』（'56）で日活のスターに。『にあんちゃん』（'59）『豚と軍艦』（'61）で高い評価を得る。弟は津川雅彦。

第二章

『兵隊やくざ』シリーズ——ブロークバック日本軍

★初年兵・勝新太郎と上等兵・田村高廣のコンビが、横暴な軍人たちを相手に暴れまくる人気シリーズ。『兵隊やくざ』から『新兵隊やくざ　火線』まで、全九作がつくられた。

『兵隊やくざ』
【公】一九六五年三月一三日【製】大映東京【配】大映【時】一〇二分
【監】増村保造【脚】菊島隆三【原】有馬頼義【企】久保寺生郎【製】永田雅一【撮】小林節雄【美】下河原友雄【音】山本直純【録】飛田喜美雄【照】渡辺長治【編】中静達治【出】勝新太郎（大宮貴三郎）／田村高廣（有田上等兵）／滝瑛子（みどり）／淡路恵子（音丸）／山茶花究（桃中軒梅竜）／北城寿太郎（黒金伍長）／内田朝雄（中沢准尉）

『続・兵隊やくざ』
【公】一九六五年八月一四日【製】大映京都【配】大映【時】九一分
【監】田中徳三【脚】舟橋和郎【原】有馬頼義【企】久保寺生郎【撮】武田千吉郎【美】内藤昭【音】小杉太一郎【録】奥村雅弘【照】中岡源権【編】山田弘【出】勝新太郎（大宮貴三郎）／田村高廣（有田上等兵）／水谷良重（染子）／小山明子（緒方恭子）／上野山功一（八木曹長）／睦五郎（岩波曹長）

『新・兵隊やくざ』
【公】一九六六年一月三日【製】大映東京【配】大映【時】八五分

監 田中徳三 脚 舟橋和郎 原 有馬頼義 企 久保寺生郎 撮 中川芳久 美 下河原友雄 音 鏑木創 録 三枝康徐 照 伊藤幸雄 編 中静達治 出 勝新太郎（大宮貴三郎）／田村高廣（有田上等兵）／瑳峨三智子（桃子）／成田三樹夫（青柳憲兵伍長）／藤岡琢也（豊後一等兵）

『兵隊やくざ脱獄』

公 一九六六年七月一三日 製 大映京都 配 大映 時 八六分
監 森一生 脚 舟橋和郎 原 有馬頼義 企 久保寺生郎 撮 今井ひろし 美 太田誠一 音 塚原哲夫 録 奥村雅弘 照 伊藤貞一 編 谷口登司夫 出 勝新太郎（大宮貴三郎）／田村高廣（有田上等兵）／小川真由美（珠子）／田中邦衛（沢村）／五味龍太郎（椎名伍長）／草薙幸二郎（佐々木軍曹）

『兵隊やくざ大脱走』

公 一九六六年一一月九日 製 大映京都 配 大映 時 八二分
監 田中徳三 脚 舟橋和郎 原 有馬頼義 企 久保寺生郎 撮 武田千吉郎 美 内藤昭 音 鏑木創 録 大角正夫
照 古谷賢次 編 山田弘 出 勝新太郎（大宮貴三郎）／田村高廣（有田上等兵）／安田道代（弥生）／成田三樹夫（青柳）／南都雄二（笹原）／千波丈太郎（野辺地軍曹）／北城寿太郎（木部准尉）

『兵隊やくざ　俺にまかせろ』

公 一九六七年二月二五日 製 大映東京 配 大映 時 八九分

監田中徳三 脚高岩肇 原有馬頼義 企久保寺生郎 撮宗川信夫 美渡辺竹三郎 音鏑木創 録伊藤幸夫 照中静達治 編大葉博一 出勝新太郎（大宮貴三郎）／田村高廣（有田上等兵）／内田良平（岩兼曹長）／渡辺文雄（田沼参謀）／長谷川待子（桃代）／杉田康（張）／渚まゆみ（秀蘭）

『兵隊やくざ殴り込み』

公一九六七年九月一五日 製大映京都 配大映 時八九分
監田中徳三 脚笠原良三、東条正年 原有馬頼義 企久保寺生郎 撮武田千吉郎 美下石坂成典 音鏑木創 録奥村雅弘 照伊藤貞一 編山田弘 出勝新太郎（大宮貴三郎）／田村高廣（有田上等兵）／野川由美子（明美）／岩崎加根子（さつき）／細川俊之（香月少尉）／安部徹（影沼少佐）／南道郎（赤池曹長）

『兵隊やくざ強奪』

公一九六八年一〇月五日 製大映京都 配大映 時八〇分
監田中徳三 脚舟橋和郎、吉田哲郎 原有馬頼義 企奥田久司 撮森田富士郎 美内藤昭 音鏑木創 録海原幸夫 照伊藤貞一 編菅沼完二 出勝新太郎（大宮貴三郎）／田村高廣（有田上等兵）／佐藤友美（楊秋蘭）／夏八木勲（松川大尉）／江守徹（権藤兵長）

『新兵隊やくざ　火線』

公一九七二年四月二二日 製勝プロダクション 配東宝 時九二分
監増村保造 脚増村保造、東条正年 原有馬頼義 企久保寺生郎 製勝新太郎、西岡弘善 撮小林節雄
美太田誠一 音村井邦彦 録大谷巖 照中岡源権 編谷口登司夫 出勝新太郎（大宮貴三郎）／田村高廣
（有田上等兵）／安田道代（芳蘭）／大瀬康一（北井小隊長）／宍戸錠（神永軍曹）／大滝秀治（芳蘭
の父）

田村三兄弟の長兄・田村高廣

町山　『兵隊やくざ』シリーズ（'65〜'72）、子どもの頃、テレビで見ましたね。一九七二年に大映が倒産して、映画の放映権をいっきにテレビに売ってるんですよ。で、週末の午後三時くらいから、『兵隊やくざ』や『座頭市』をしょっちゅう放送していました。子どもだった僕は、特に雨で外に遊びに行けないときなんかは家に居なきゃいけないし、昼間はアニメもやってないので、しかたなく『兵隊やくざ』を見てました。
春日　ははははは！　すごい子どもですね。
町山　満洲が舞台で、日本陸軍の内務班に入ってきた大宮という元やくざの初年兵と、有田というインテリの上等兵のコンビが活躍する軍隊コメディです。で、『人間の條件』（第一章参照）のように、『兵隊やくざ』の原作は、有馬頼義という直木賞作家が実際の経験を書いた小説です。映画では有馬が「有田」になってます。有馬頼義はお殿様なんですよ。九州の武家の城主の血を引いている。でも、敢《あ》えて一兵卒として、士官学校に行かないで戦場に入った。阿佐田哲也の師匠にあたる無頼派作家で、睡眠薬中毒で結局亡くなった。お酒が飲めないから睡眠薬にはまったそうです。
春日　はぁー。
町山　映画で有田を演じるのは田村高廣。*1 当たり役の一つですね。

春日　ですよね。器用貧乏なところがある役者さんですから。父親が阪東妻三郎、[*2]日本の時代劇の礎をつくった人で、弟には田村正和、田村亮がいる。お父さんに顔が似てるのもあって、最初、阪東妻三郎襲名っていう話もあったくらいで。
町山　高廣さんは外連味《けれんみ》があまりない。田村正和さんみたいにエロくない。でも、それがこの作品ではまさしく意味を持っている。
春日　ご自身サラリーマン経験が長かった人でもあって、そこから役者になっていったというのもあるかもしれません。お父さんが早くに亡くなっていて、弟たちとも年齢が離れているので、正和、亮にとっては高廣がお父さん代わりだったっていう。
町山　あ、そうなんですか？
春日　ちゃんと学校まで出してくれたのは高廣なんですよ。で、二人が大学に行くようになってから、高廣は役者になっています。

勝新のクリクリした眼

町山　で、主演は我らが勝新太郎。[*3]
春日　ただ、このシリーズは彼にとって穴埋め的な存在なんですよ。勝新は一九六一年に『悪名』（田中徳三監督）に出て、これがスマッシュヒットすることで『悪名』がシリーズになっていく。で、六二年の『座頭市物語』（三隅研次監督）以降、これがシリーズを追うごとに当たっていって、二大シリーズができていくわけです。一方で大映二枚看板スターのもう一人の市川雷蔵[*4]の体調がどんどん悪くなっていく。それで、そこまで本数が撮れなくなっていくので、大映としては勝新太郎をかなりヘビー・ローテーションで使わなければいけなくなってくる。『悪名』と『座頭市』だけで年に三本くらい撮ってる時期もあったくらいなんですが、さらにもう一つ何か人気シリーズが必要だなということで始まったのが『兵隊やくざ』だったんです。勝新としてはスターになってから撮っているものだから、そこまで思い入れのある企画ではなかったんですよ。当時の勝新の言葉でいうと、「『座頭市』は正妻」で、「愛人が『悪名』」で、「たまに会う酒場の女が『兵隊やくざ』」だっていう。

＊1　田村三兄弟の長男。サラリーマンから役者に転身。映画『泥の河』（'81）やテレビ時代劇『助け人走る』（'73〜'74）など。
＊2　不世出の剣戟スター。愛称は〝バンツマ〟。『雄呂血』（'25）『無法松の一生』（'43）など。
＊3　『悪名』『座頭市』『兵隊やくざ』シリーズ他に主演。勝プロダクション主宰。
＊4　歌舞伎界から映画界へ転身、『眠狂四郎』シリーズ（'63〜'69）などで大映のトップスターに。他『剣鬼』（'65、「時代劇編」参照）など。三七歳の若さで死去。

町山　ははは！
春日　心の距離感としてはそれくらいの作品なんですよ、残念ながら。
町山　喩《たと》えがいいよね。『座頭市』は（中村）玉緒さんなんだ。
春日　で、『兵隊やくざ』は、クラブとかで会う女……とまぁそんな感じだったんですけれども――実際には勝新太郎らしさというのが最も出てる作品かもしれないです。
町山　そうですよ。『座頭市』は勝新太郎自身とはだいぶ違うキャラでしょう。
春日　若い頃の彼が売れることを阻んでいた要因に、あの目があると思うんです。クリクリとした、本当に少年みたいなかわいい眼だったわけですけど、それだと売れないというわけで、まずは『不知火検校《しらぬいけんぎょう》』（'60森一生監督）という作品で盲目の悪党を時代劇で演じてうまくいった。
町山　チャームポイントである目を閉じた。
春日　それで今度も盲目もので何かできないかということで『座頭市』をやって、これで人気になる。つまり勝新太郎最大の弱点である目を隠す。一方で『悪名』の方は河内弁でガンガンまくしたてながら喧嘩する男なので、あのクリンとした少年っぽさがガキ大将っぽくてよかった。
町山　『悪名』の八尾《やお》の朝吉《あさきち》はガキ大将だよね！

春日　そういう、『悪名』で功を奏した勝新のガキ大将路線の流れに『兵隊やくざ』の大宮はいるんじゃないかという気がします。
町山　大宮役はいきなり勝さんで行こうと？
春日　これは勝新ありきです。勝新に何ができるだろうかっていうところから企画が始まっていますから。

子犬のような勝新

町山　原作の大宮貴三郎は、このように描写されてるんですよ。「ギョロリとした目玉」。
春日　あぁー！
町山　で、いつも上唇を舌で、こうやってペロッと舐《な》める癖がある。で、どんなに殴られても蹴られてもきょとんとした顔をしていると。これ、勝新以外いないだろうと。
春日　共通点、多いですね。普段から勝新も喧嘩っ早かったりとか、気に入らないことがあったら偉い人にも喰ってかかる、あと人の言うことは聞かない、俺がこうだと思ったら動かない。あともう一つは、勝新って、撮影現場で空いた時間によく相撲をとって、これがとにかく強かったそうです。
町山　それに原作の大宮は博打がうまくて、歌がうまい。

春日　これも勝新と同じですね。彼は三味線長唄の家に生まれてますから、そういうのを口ずさむのもうまかったし、ちょっとした酒の席で三味線持ってきて弾いてたっていう。だから本当に勝新太郎そのものみたいな役柄なんですね。
町山　まだあるよ。原作によれば、大宮は寂しがり屋。人懐っこくて、可愛くってしょうがないと有馬は書いています。
春日　本当に台詞《せりふ》で言ってるんですよ、田村高廣。「可愛い奴だ」とか、もうペットみたいな感じで慈しんでるんですよね。早い段階から。
町山　『兵隊やくざ』見たら、誰でも「可愛い」って思いますよ。
春日　子犬みたいな感じ。子犬と子猫を両方あわせ持ったかのような、ペットとしての可愛さが大宮にはある。
町山　それで、大宮がね、慰安所の女の人とエッチするんだけど、そんときにこう、親指をくわえてね、丸くなって眠るんですよ。可愛いの、これが。
春日　シリーズの後の方の作品になると、女の子から告白されたりすると、嬉しくなって枕で顔をきゅーっと隠したりとか、一個一個の動きが乙女なんですよね。
町山　ここらへんのは本人がそういう人なのかなぁ？
春日　どっちかっていうと乙女チックな感じで、少年の心と乙女の心をあわせ持ってる、繊細な人だったらしいです。
町山　素に近いから演じるのは楽だったでしょうね。
春日　だから逆に言うと、やってて面白くないわけですよ。がっちり役を演じたい人なので。
町山　あぁそうかー。
春日　普段の俺が髪切っただけだろ、みたいな。そういう感覚なんですよ。「髪切れば大宮になるんだろ」みたいなことは言っていたみたいです。
町山　役づくりしないでいいから。
春日　そういう意味では、本人としては愛着は少ないんですよ。「俺は演技者として認められたい」という人なんで。だから思い入れが弱かった。
町山　そうかもしれないですね。

『人間の條件』の裏返し

町山　で、『兵隊やくざ』は『人間の條件』によく似た映画です。満洲の陸軍内務班で、隊内でのいじめが描かれるわけで。
春日　大きな違いは、『人間の條件』の梶は耐えて耐える。それに対して『兵隊やくざ』

は最初から反抗していくっていう。
町山　なにしろ大宮を演じるのは勝新だから、絶対に負けない。
春日　それがある種のファンタジー性であり、また娯楽性でもあり。シリアスな文芸映画である『人間の條件』と違うのは、反抗したり脱走したりっていうのが描かれるところですね。一方で『人間の條件』と一緒なのは、シリーズを追っていくごとに、戦況が厳しくなっていくところです。『人間の條件』も最後は八路軍との前線での戦闘があり、最終的には戦争が終わって侵攻してきたソ連軍から逃げる。この構成が実は『兵隊やくざ』のシリーズ九作とまったく同じなんです。その中でやってることが違うっていう。
町山　勝新がいるかいないかだけ。
春日　でもシリーズ後半は本当に似てくるんですよ。
町山　影響を受けてるんでしょうね。有田の立場は、『人間の條件』の仲代さんの立場ですよね。インテリでリベラルで、でも一兵士として軍に入って、いじめや中国人への残虐行為を見て幻滅する。
春日　戦争っていうものに疑問を持ちながら、前線で兵士として戦っていく男。
町山　ただ、『人間の條件』の梶には何もできなかったんだけど、『兵隊やくざ』には、勝新という飛び道具があるわけですよ。

頑丈な大宮

町山　内務班には鉄拳制裁が吹き荒れているわけです。初年兵に「挨拶しなかった」とか「挨拶の仕方が悪い」と因縁をつけては殴る。勝新扮する大宮も殴られるんですけど、殴った方の先輩兵の指が折れちゃう。
春日　これがシリーズを追うごとに、キャラクター紹介シーンになっていくんですよね。基地に勝新が入ると、必ず先輩が殴る、でも先輩の方が痛い——っていう芝居が全シリーズのお約束になる。この大宮っていう男を特徴づけるのはそれなんですよね。殴ってもびくともしないどころか相手が痛い男ですっていう。
町山　いくら殴られても、勝新はペロッて舌を出すだけ。
春日　頑丈でやんちゃっていうのが、大宮って男のキャラクターではありますね。
町山　あまりにも大宮がびくともしないから、古参兵たちは棒とかで殴り始める。これにはさすがの大宮もやられてしまうんですが、有田上等兵殿がですね、インテリだから「軍規違反である」とかなんとか敵の弱みを見つけて、追い詰めて、「大宮、やれ！」って解き放つんです。
春日　「やっていいんですか！」ってそうなると急に戦闘モードになる。そうするとさっきまでボコボコにやられてたのが、急にどっかんどっかんやってくっていうね。

町山　それが一対一とかじゃなくてね、一〇対一とかね。
春日　鉄人28号と正太郎くんのような関係性。
町山　公開当時、観客にはまだ、実際に軍隊でいじめにあった人がいっぱいいたと思うんですよね。そういう人たちは『兵隊やくざ』を見て、さぞかしスカッとしたでしょうね。
春日　会社組織にいる人たちも同じでしょうね。あの先輩ぶん殴りたい、あの上司ぶん殴りたいっていうのを晴らしてくれますから。

最高のスタッフ

町山　田中徳三[*5]監督は従軍経験があるそうですね。
春日　基本的にこの年代の映画のスタッフはほとんど戦争経験者の人たちです。美術をやった西岡善信[*6]さんはシベリア抑留されてた人ですし。
町山　有馬頼義の小説は、もう一つ大映で映画化されてます。それがあの大傑作『赤い天使』（'66 増村保造[*7]監督）。
春日　若尾文子《あやこ》[*8]主演の！
町山　すごいスプラッターエロ反戦映画です。川津祐介さん（第一章参照）が戦争で両腕がなくなったためにオナニーができない兵士の役です。地獄ですね。それで『兵隊やくざ』も『赤い天使』も増村保造監督が撮ってます。
春日　当時の大映では芸術派の監督で、市川崑[*9]と並ぶ存在でした。ただ増村保造が面白いのは意外と会社の仕事も請け負う。この『兵隊やくざ』もそうなんですけど、増村保造が第一作をやって、それが好評だったからその後ルーティンの監督が担当していくという。『陸軍中野学校』シリーズ（'66〜'68）もそうです。
町山　『陸軍中野学校』も第一作は増村。
春日　『忍びの者』シリーズ（'62〜'66）も第一作は山本薩夫がやって、次は森一生[*10]になったり。そういう、作家性の強い監督に第一作を撮らせて、第二作以降はルーティンの監督に

＊5　大映で『悪名』『眠狂四郎』『犬』シリーズなどを監督。テレビ演出作品も『必殺』シリーズなど多数。
＊6　美術監督。『地獄門』（'53）『炎上』（'58）などの美術を担当。映像京都の社長を務める。
＊7　イタリア留学で映画を学ぶ。『卍』（'64）『刺青』（'66）、テレビの『赤い』シリーズなど。
＊8　大映の看板女優。『十代の性典』（'53）で人気を得、『妻は告白する』（'61）『卍』（'64）など増村保造監督と組んだ作品で有名。
＊9　スタイリッシュな作風の名匠。『ビルマの竪琴』（'56）『東京オリンピック』（'65）『細雪』（'83）など。

やらせてくっていうのが大映のパターンではあります。
町山　『兵隊やくざ』は脚本がすごいんですよ。
春日　菊島隆三[*11]ですね。黒澤組のエースの一人です。黒澤明の中でも特にエンターテインメント色の強い作品、『野良犬』（'49）『隠し砦の三悪人』（'58）『椿三十郎』（'62）とか『用心棒』（'61）はこの菊島隆三が中心になって手掛けていたわけですね。今ではその年の最優秀脚本に対して菊島隆三賞というのが与えられるくらいの、日本の戦後を代表する脚本家の一人です。
町山　菊島脚本の特徴の一つが、インテリと荒くれ男のコンビ。『赤ひげ』（'65）も『野良犬』も、荒くれは三船敏郎ですけどね。そんなコンビものの上手さが『兵隊やくざ』にも出てます。

きれいなお尻、見えないアレ

町山　『兵隊やくざ』、僕は子どもの頃に見てたんで、ちばてつやのマンガを見ている感じで楽しかったです。風呂場で必ず喧嘩になるんですよね。勝新って『座頭市』もそうなんですけれども、なぜ風呂場で喧嘩するんですか、いっつも！
春日　あんた、ケツ出したいんでしょう！ってなる。

町山　出したいんだろうね！
春日　やっぱね、ケツ出して裸で喧嘩するっていうのが気持ちいいっていう感覚があったと思うんです。相撲好きですし。
町山　すごいのは、前貼りとかしてないのに、絶対にアレだけは見えない。ものすごく速い格闘で、カメラも動いてるのに、あそこだけは絶妙に隠れてる。
春日　大映のカメラマンたちのすごさですね。やっぱり世界を制した大映撮影布陣の技術力ですよ。あと、やっぱお尻きれいですよね。
町山　きれい、可愛いです。ぷりっとしてね。
春日　後のシリーズでも全裸になって荒野を歩くシーンがありますけど、あれも本当にすごい。
町山　『座頭市』でも風呂場で戦闘が延々と続くやつがありましたよね。もう大乱闘で

＊10　『薄桜記』（'59）『不知火検校』（'60）や『座頭市』シリーズなど勝新太郎や市川雷蔵主演作を数多く監督。
＊11　『野良犬』（'49）で脚本家デビュー後、『隠し砦の三悪人』（'58）『天国と地獄』（'63）など黒澤明監督作品を多く手掛ける。

延々と続くのに全然見えないんですよ。
春日　とにかく裸によくなりますからね、勝新。
町山　可愛いんですよね、狸みたいな感じでね。
春日　良い身体してる。アンコ型で。

有田と大宮の大河ラブストーリー

町山　『兵隊やくざ』は、有田と大宮の関係がなんかおかしいんですよね（笑）。
春日　これねぇ！　今回九作を立て続けに見たんですよ。見るとこれは完全にそういうことです。一作ごとだとエッセンスにすぎないんですけど、九作続けて見ると縦に繋《つな》がっている大河ラブストーリーでした。戦場を舞台にしたラブストーリーですよ！
町山　そう！
春日　「ラブストーリー風」ってあるじゃないですか。実際にはラブストーリーじゃないけど、見方によってはラブストーリーとして解釈できるような。これは違います！　俺、言い切ります、これはラブストーリーそのものです！
町山　毎回毎回一応マドンナとして女優さんが出てきて、慰安婦の役で大宮と有田の間に入るんです。ところが、彼女たちは二人の愛のダシに使われるんですよ。たとえば「ヘソ酒」。
春日　淡路恵子[*12]のヘソですね。
町山　慰安所の淡路恵子のおヘソのくぼみにお酒を注いで、有田上等兵と勝新が舐めるシーンがあって、これは女の人の身体を媒体として、二人がラブラブしてる。
春日　台詞も一作目で「上等兵はなんで私に親切なんです？」って大宮が訊《き》くと、有田は「ほっとけないいんだ」って。
町山　もう、完全にＢＬ。
春日　「上等兵殿と離れたくないんです！　二人そろって脱走したかった！」。
町山　ははは！
春日　「俺もお前と離れたくないんだ！」、告白ですよ、これは！
町山　もうね、見ている間、悶えっぱなしですよ。
ブロークバック日本軍
春日　本当にまたこの愛が――少女マンガに出て来る「初恋の二人」みたいな距離感を絶

＊12　松竹歌劇団出身。『野良犬』（'49）でデビュー後、映画やテレビで活躍。

えず持っているっていう。
町山　もうウットリですよ。
春日　六作目（『俺にまかせろ』'67）で、八路軍のアジトから出てきた大宮とさまよっていた有田が再会する場面があるんですが、何やってるかといったら大宮の膝枕で有田が煙草吸ってたりするんですよ。完全に少女マンガの土手とかでやってるような画《え》ですよ、これ。
町山　それが実に自然でね。
春日　毎回そんな感じで、とにかく「これからどうします？」って大宮が言ったら有田は「お前にまかせる」って言ったりニコッと笑ったりとか、だから九作見てると、「お前らが愛し合ってるのはわかったから！　もうイチャイチャはいいよ！」ってお腹いっぱいになってくるっていう。
町山　毎回出てくるヒロインは大宮のことを好きになるんですけれども、自分を選んでもらえない。
春日　絶えず有田をとり続ける。有田さんから離れられない。
町山　『ブロークバック日本軍』。
春日　二人が離れて再会して離れて再会してのくり返しをずーっとやっていくっていうことですからねぇ。

町山　その一方ですごく真面目に戦争も批判しています。日本軍が中国人に対して悪いことばっかりしてるわけですが、有田の方は「そういう差別をしていると、中国人全員を敵に回すことになりますよ」みたいにインテリの言葉で言うんだけども、大宮はガキ大将的に「そういうきたねぇことは許せねぇな！」って上官に反抗する。
春日　民族とか関係なく、「悪いもの」とか「弱いものをいじめる奴」は許さない、義侠心のあるガキ大将。
町山　そこがいい。で、悪い日本兵たちをボコボコにして全員やっつけたあと、ペロッと舌を出して「退屈だな」って言うんですけど、あれもすごい。この程度じゃつまんないぜって。

セミレギュラー・成田三樹夫

町山　あと大事なのは成田三樹夫。[*13] 三作目くらいからかな。
春日　実は成田三樹夫は第一作に出てるんです。

＊13　『仁義なき戦い　広島死闘篇』（'73）『柳生一族の陰謀』（'78）やテレビドラマ『探偵物語』（'79〜'80）などで強い印象を残した個性派俳優。

町山　あ、そうなの？
春日　今回見て初めて気づきました、成田三樹夫いたー！って。
町山　途中からじゃなかった？
春日　違う役で出ているんです。名のない役で。たぶんデビューしてすぐだと思うんですけど、何の役で出てるかって言ったら、ラストシーンで大宮と有田が汽車で逃げるじゃないですか。そん時に汽車の連結部のところで大宮と出くわしていきなりぶん殴られて倒れるだけの兵士がいるんです。
町山　出演時間二〇秒ですね。
春日　それが成田三樹夫。うぉー成田三樹夫が出てたーと思って。
町山　あーそっか、気が付かなかった。で、途中からセミレギュラーになるんですよね。三作目『新・兵隊やくざ』（'66）から。有田と大宮は脱走兵として日本軍の中を逃げ回っているんです。身分とか名前を詐称したりしながら。それに気付く憲兵、青柳が成田三樹夫。憲兵はミリタリーポリス、軍隊内警察なんですけど、青柳はすごく不思議な憲兵で、日本軍の理想とかを信じていないリアリストなんですよ。
春日　憲兵としての役目をちゃんと果たそうと考えるんだったら、大宮と有田の二人をしょっぴいてきて連れてくべきなんだけど、彼は最初にそれはやらないんですよね。すでに内地に戻ってからの生活を考えていて、まず交換条件を突き付けてくる。「黙っててやるから金をよこせ」と。
町山　青柳は「俺には日本が勝つとは思えないんだ」と言っちゃう。有田と大宮を利用してなんとか金を稼ごうとしてるだけ。最初はすごく悪いやつに見えるんですよね。愛国心も別にないし。自分のことしか考えてない。しかも大宮と有田を恐喝して、誰かを謀殺したりもする。
春日　藤岡琢也[*14]ですね。「お前の秘密を知ってる」とか言われて、それで謀殺してしまうんですね。
町山　暗躍してるんですよ。
春日　しかも大宮も勝てないほどの早撃ちの名手。
町山　南部一四年式拳銃の使い手で。
春日　大宮と有田が言うことときかないと、今度は憲兵の基地に連れて行って拷問までする。もう自分の意に沿わない人間は絶対に許さない。本当に冷血漢として暗躍するんですよ。
町山　政治的には全然ファシストでも天皇主義者でもないんですけれども、蛇のように悪

＊14　『兵隊やくざ』『社長』シリーズなどに脇役で出演。のち、主にテレビドラマで活躍。

い奴。
春日　雰囲気もなんかねっとりして、善人か悪人かわからないギリギリのところで出てくるわけですよね。
町山　「もう日本の敗北は決定的だよ」と言うんですよ。で「ここで俺たちがどう振る舞うかは俺たち自身にかかってるんだ」みたいなことを言って、ものすごいエゴイスト。
春日　驚くのはこの時の成田三樹夫、デビューして三、四年くらいなんですよね。一九六三、六四年くらいのデビューだから。それでいきなり田村高廣と勝新太郎相手に、あの貫禄でやり合ってる。
町山　対等の敵役。
春日　『座頭市』や『眠狂四郎《ねむりきょうしろう》』でも対等の敵役やってますけど、この人このデビュー当初から異常な貫禄があった人なんですよね。
町山　戦っている人たちを冷たく上から見下ろしている役が多いですね。『仁義なき戦い』は典型的で、こんなことやってられないって途中で抗争から抜けちゃう。
春日　「中立でいいですわー」って言って。「それは許さん」って言ったら、「じゃあ辞めます」ってカタギになっちゃう。
町山　それが典型的な成田キャラ。

春日　『柳生一族の陰謀』（'78 深作欣二監督）の公家《くげ》も対立を煽《あお》る役でした。

涙の成田三樹夫

町山　五作目の『大脱走』（'66）になると、日本軍の負けが決定的になって、満洲から逃げ始める。『人間の條件』でも描かれたように、開拓民や慰安婦を置き去りにして。そこにソ連軍が入って来て、彼らはこのままだと殺されちゃう。でも勝新ですから、「なんで助けねぇんだよ」って、有田も「行こう！」と。でも、成田三樹夫は「こんなことをしても無駄だ」とか言う。
春日　成田三樹夫が現れて、まず「三人で逃げよう」って持ちかけて来るんですよ。けどやっぱりこの二人、「三人」って言われるとカチンと来るんですよね。明確な理由ないんですよ、でも断る。だって散々これまで逃げて来たんだから、今度も逃げればいいのに。三人は嫌だな、みたいなことになるんですよね。成田三樹夫の青柳は憲兵なんですが、すごく現実主義者で、戦争が終わると憲兵の身分を捨てて、一般兵として基地にやって来るんです。
町山　憲兵は恨みを買ってるからね。
春日　逆に、大宮と有田の二人は将校のふりをして基地にやって来てる。ここで立場逆転してるんですよね。それで「将校として前線に行け」っていう命令を、有田と大宮は下されてしまう。
町山　前線に置き去りにされた民間人を救出する決死隊として。
春日　本当『独立愚連隊』（'59岡本喜八監督）みたいな話です。
町山　軍隊側は民間人なんかどうでもよくて、勝手にやれって言う。で、有田と大宮がトラックに乗って出発するとき、成田三樹夫がなぜか参加する。途中でトラックを奪って逃げるために。ところがですね……。
春日　最初のトラックではいつもの成田三樹夫なんですよ。他の残り五人に策動するんですよ。「あいつら実は将校じゃねぇぞ、ニセモンだぞ」「お前ら騙されてんだよ、俺と一緒に逃げようぜ」って。
町山　「日本なんか勝ち目ないんだから」「犬死にするより、俺たちだけ逃げようぜ」って言うんですけど。
春日　でそのことが勝新にバレて、ぶん殴られて。ぶん殴られたのに、もう一回トラックに乗せられる。
町山　その後、ものすごく泣ける展開になるんですけれど、まぁこれはもう見ていただいて。

春日　これは言わない方がいいですね。あの爽やかな笑顔はね、あぁ成田三樹夫いいなぁって。
町山　成田三樹夫の役者人生の中でも、こういう役は珍しい。
春日　成田三樹夫、もっとこういう役やってほしかったなぁって思っちゃいますよ。
町山　最後まで「どうせ俺は悪党だぜ」って言うのもいい。
春日　でも、二人の世界を邪魔した男ですから。それは排除されなければならない。
町山　そんな話なの？
春日　戦争大河ラブストーリーですから！

ヒロインの立場

春日　ヒロインが間に入っていくっていう話もあります。三作目の『新・兵隊やくざ』が印象的です。瑳峨《さが》三智子[*15]がヒロインなんですけど、これが売春婦の役で。有田と大宮が脱走して何をやるかというと、娼館を開くわけなんですね。一緒に脱走してきた売春婦たちと売春宿をつくるんですけど、その一人の瑳峨三智子と大宮が仲良くなって、それでみん

＊15　東映や松竹で活躍。『こつまなんきん』（'60）『恋や恋なすな恋』（'62）など。母は山田五十鈴。

なに勧められて二人は結婚するんですよ。それで二人が結婚した初夜に有田一人のショットがあって、モノローグでわざわざ入るのが「私はなぜか急に孤独を感じた」と。
町山　ふふふふふ。
春日　そうすると新婚初夜に奥さん抱かずに大宮が有田の部屋にやってくる。それで「これからもずっと上等兵殿と一緒に寝ましょう」って。すると有田は「お前とは別れた方がいいのかもしれない」、大宮も「上等兵が寂しくなると私も寂しくなるんです」。お前ら新婚初夜に何を言ってるんだよ！
町山　どうかしてる。あと四作目の『脱獄』（'66）で、大宮が小川真由美[*16]演じる芸者っていうか慰安婦に愛されるんですよ。
春日　最後、小川真由美がトラックで逃げて、勝新もそれを走って追いかけて、トラックに乗って、二人が荷台で熱いキスを交わすわけです。それでもういいラストシーンじゃないですか、それはそれで。でもねカメラが遥か後ろに取り残された田村高廣をちゃんと押さえてるんですよ。ポツンと立ってる田村高廣を。
町山　彼は去り行くトラックを見送ってるんです。
春日　ポツンと見送ってて、勝新はキスしてるんですけど、その目線の先にそのポツンといる田村高廣を見るんですよね。そうすると小川真由美は訊くわけですよ。「大宮さんは私より有田さんの方が好きなの?」と。「好き」っていう言葉をつかってるんですよ、わざわざ。そうすると、それを聞いて揺らぐんですよね、大宮が。揺らいだ挙句、小川真由美を捨てて、トラックから降りて、有田のとこに走っていくっていう。
町山　「上等兵殿ー!」って叫んで、二人で抱き合う。それで終わり。どんな映画やねん!っていう(笑)。
春日　この後も日本に帰るチャンスとか、前線から離れるチャンスはあるんですよ、二人は。でも二人はいろんな理由で、二人でいられる環境は前線だけだからっていうので、前線に残り続けるんですよ。
町山　有田は「お前、内地に帰った方がいいんじゃないか」って言うんですけど、大宮は「いや、上等兵殿、自分は帰りたくないんです」って言う。「なんでだ?」、しばらく黙ってから「……上等兵殿といられなくなるからです」。
春日　そう、全部それなんですよ。で、寂しげーな顔をまたね、大宮がするわけです。

＊16　文学座出身の女優。映画『復讐するは我にあり』('79)、テレビ時代劇『女ねずみ小僧』シリーズ('71〜'77)など。

勝新は人を殺さない

春日 このシリーズってかなり後になるまで、勝新は人を殺さないんですよね。
町山 戦争映画なのに。
春日 これが驚く点です。座頭市にしろ弱きを助け強きをくじくヒーローっていうのは、基本的に最後には人を殺しちゃうわけですけど、このシリーズでは殴って終わる。
町山 『人間の條件』にも出てきますが、この頃の日本軍は中国人を柱に縛り付けて、それを度胸試しとして銃剣で若い兵隊たちに刺させるんですよ。人を殺したことがないからみんな。それを勝新が邪魔するんです。俺はこんなことするためにここに来たんじゃないんだぜって。ただ戦闘になると必死に戦う。戦争しにきたんだから、戦争しようぜって。でも日本軍はそれ以外のことばっかりやってるわけ。隊内のいじめとか、現地人の虐待とか。
春日 戦争してるシーンでも、人殺すシーンが後半になるまで出て来ないんですよ。
町山 後半は、激戦状態になりますから。
春日 たとえば六作目の『俺にまかせろ』の渡辺文雄[*17]扮する参謀って本当にヒドイ男なんですよ。渡辺文雄ですからね。
町山 エリートの悪党。

春日　いつもの渡辺文雄。戦場の最前線でも一人だけ太ってるような奴ですよ。それが一人だけ高級車で逃げようとすると、勝新が立ちはだかるわけですけど、どう考えたって、普通の映画なら殺しますよ。殺さなきゃ落ち着かないのに、ぼっこんぼっこんに殴ってそこに放置して去ってく。
町山　あぁー。
春日　で、渡辺文雄もちゃんと立ち上がるんですよ。それくらいの余力を残してボコボコにしてる。
町山　『俺にまかせろ』の渡辺文雄は自分たちが逃げるために、内田良平[*18]の部隊に八路軍の攻撃を食い止めさせるんです。
春日　おとりにさせてるんですよね。
町山　で、内田良平は捨て石にされて玉砕していく。
春日　しかも自分たちはその作戦を知らされないでやってますから。

＊17　大島渚監督の長編デビュー作『愛と希望の街』（'59）に出演し大島組の常連に。食通でテレビ『くいしん坊！万才』の初代リポーター（'75～'77）なども務めた。
＊18　『十三人の刺客』（'63）『青春の殺人者』（'76）などで幅広い演技を見せた。

町山　それを知った勝新と田村高廣が、渡辺文雄を捕まえて、殺すかなと思うと殺さない。で、戦場に放置する。
春日　だから殺したのって、八作目（『強奪』'68）の夏八木勲[*19]までないんです。
町山　殺していいです。アレは。
春日　八作目に至るまで、ちゃんとした殺しのシーンがないんですよ、大宮の。この映画面白いのってそこで、ある種ヒューマニズムの映画なんです。

ハードな後半シリーズ

春日　シリーズ後半になっていくと対ソ戦になっていくわけですよね、ソ連が満洲に攻めてきて、それにどう対抗するか。『人間の條件』的な展開で、悲惨なシーンも多くなってきます。たとえば五作目では有田たちが基地に戻ってみたら、死屍累々だった。それまで嫌がらせしていた奴らもみんな死んでいるっていう状態だったりとか、六作目のファーストシーンも、自分たちがいた基地がぼっこぼこにされて、死体がたくさんあるところに、ガレキの山から生き残っていた二人が現れたり、人が死んでいく悲惨な戦況がシリアスに描かれるんで、それまでのコミカル色はすごく弱まってくるんですよね。
町山　後半はやっと戦争映画らしくなっていく。前半は学園ものみたいだけど。

春日　たしかに学園ものですね。
町山　後半はもう日本が負けて、ソ連軍がどんどん攻め込んできて、戦闘シーンが多くなる。
春日　アクションシーンもけっこう激しくなってきます。
町山　第七作『兵隊やくざ殴り込み』（'67）は、『独立愚連隊西へ』（'60 岡本喜八監督）の影響受けてるのかな？
春日　これもう完全に『独立愚連隊西へ』ですね。
町山　脚本は笠原良三[*20]。
春日　ヒューマニズムの人です。
町山　この映画でいいのは、細川俊之[*21]！

＊19　『人間の証明』（'77）から『天と地と』（'90）まで角川映画の常連。主役から脇役まで様々な役を演じた。
＊20　『社長』シリーズ（'56〜'70）『若大将』シリーズなど、東宝の喜劇で活躍。
＊21　文学座出身。二枚目から悪役まで幅広く演じる。映画『エロス＋虐殺』（'70）、舞台『ショーガール』など。

春日　いい声の人ですよね。
町山　中村晃子を相手に「あまい囁《ささや》き」という歌で……「君の瞳を見ていると——」みたいキザな喋りをする人として知られていますが。
春日　そういうラジオ番組もやってました。
町山　この映画ではあの声じゃないんですよ！　あの声は後からつくったんですね。
春日　俳優座養成所出身ですから声はつくれるんですよね。
町山　エロ声の人かと思ってたら、この映画では普通の声で普通の喋り方をしています。士官学校を出てきたエリートで、ハンサムで、いい人なんです。兵士を無駄に死なせたくないと言って。彼のことを大宮がけっこう好きになっちゃう。
春日　信奉していくというね。
町山　大宮が浮気するんですよ。
春日　またいい具合に、たしか田村高廣がいなくなるんです。
町山　この回、有田があまり出てこないんですよ。
春日　いなくなってるから、寂しい心を埋め合わせようとして——。
町山　細川俊之に惚れる。
春日　でもまた田村高廣がいいタイミングで戻ってくるんです。

ほぼ『**独立愚連隊西へ**』
町山　で、『殴り込み』は、奪われた軍旗を奪還しに行く話なんですね。
春日　本当に『独立愚連隊西へ』。
町山　完全にそう。『独立愚連隊西へ』は岡本喜八監督の反戦アクション映画ですけど、あれでも軍旗を奪還しに行く、まったく無意味なことをやらされる。当時の軍旗は、菊のご紋がついてたんですよ、てっぺんに。だから天皇の身体の一部だとされてて、それを失うのは死に値する罪だったんですね。実際、軍旗を失うと銃殺されてたんですよ。で、その軍旗を敵に取られたから奪い返しに行くのが『独立愚連隊西へ』なんですけども、『殴り込み』も同じような話。その軍旗を大事にしてたのは細川俊之なんですが、彼が日本軍にハメられて死んじゃう。で、軍旗が奪われたっていうことで、大宮が奪還しに行く。
春日　それは友情のためにやるって感じですよね。大義名分や命令のためではなく。
町山　細川俊之のために。
春日　そこらへんが『独立愚連隊西へ』と『兵隊やくざ』の違うところですよね。
町山　細川俊之は軍旗を「天皇陛下の旗」と呼ぶんだけど、大宮は「少尉殿の軍旗」と呼ぶんです。この辺が泣けます。国家よりも友情の方が大事なんだ。
春日　笠原良三が人情の名脚本家なので、そこのところが上手い。

町山　ただ、大宮は「少尉殿の軍旗を奪い返しに行くんだ」と言いながら、ぼそっと、「上等兵殿に会いたいなぁ」って言うんですよ！
春日　いくらなんでも有田のことが好きすぎるだろうって思いますよね。
町山　何で突然そこで言う？ みたいな。
春日　勝新のアドリブかもしれませんね。そういうの入れたがる人なんで。

ハリウッドでリメイク？

町山　で、一人で勝新が突っ込んでいくと、そこに逃げ遅れた親子がいる。敵味方がガンガン撃ちあっているんで、勝新が「撃つの止めろぉ」って怒鳴る。みんな勝新が間に出て来たから一瞬ビビッて、撃つのを本当に止めちゃう。それで子どもたちを助けてから両軍に「オラ、戦え！」って許可を出して、また戦闘再開する。『トゥモロー・ワールド』（'06 アルフォンソ・キュアロン監督）にすごくそっくりなシーンがありましたね。赤ん坊を見た兵士たちが撃ちあいをストップする。撃ちあいが再開するところもそっくり。影響されたんですね。
春日　ハリウッドの人たち、このシリーズを見てますから。
町山　アメリカでは『フードラム・ソルジャー』のタイトルで知られています。

春日　これの美術やってる西岡善信さんから聞いたのは「ハリウッドがリメイクしようとして、コーエン兄弟[*22]が僕のとこやって来て、撮らせてくれないかと言われた」って。
町山　コーエン兄弟だったらやれそうだ。でも勝新の役をやれる人が……。
春日　コーエン兄弟はブラッド・ピットでっていう話をしてたんですよ。
町山　ブラピが勝新⁉
春日　ブラピが勝新。なんていうかちょっとヤクザなっていうか、アウトローな兵士みたいな雰囲気を出したかった、ちょっとイメージ変えてっていうことで。
町山　顔が良すぎないかな。
春日　ブラピとジョージ・クルーニーとか。
町山　あ、それだとちょっと怪しい感じがあるかもしんない。

恐怖の夏八木勲

町山　軍旗を勝新が奪うと、真ん中の朝日の部分だけが焦げて穴が開いてる。

＊22　ジョエル・コーエンとイーサン・コーエン。兄弟で製作、監督、脚本を手掛ける。『ファーゴ』（'96）『オー・ブラザー！』（'00）など。

春日　あと、この作品でやっぱり重要なのは、ここで初めて「戦争に負けた」ってことが知らされるわけですよ。
町山　そう、はっきりと宣言されるんですね。
春日　つまりここまでは前線でそれを知らずに戦っていたけど、有田の口から聞かされるんですよね。戦争に負けたんだと。
町山　それを聞いた大宮が言うのは、「ありがてぇ!」。士官たちは落ち込むんですけど、大宮は「てめぇらみたいな奴のせいで負けたんだよ」って言って、まわりの日本の若い兵隊たちにはこう言うんですよ。「日本は負けたかもしれねぇけど、俺たちは負けちゃいねぇぜ!」。これも泣ける。
春日　そして八作目の『強奪』が大映としてつくったラストの作品です。これがもう驚きの作品でございます。ファーストシーンが、タイトルバックのところでまず日本が敗戦したってことが田村高廣のナレーションで語られて、で、ボロボロになって歩いていく敗残兵の姿がまず描かれていく。これ、『きけ、わだつみの声』（'50 関川《せきがわ》秀雄監督）のファーストシーンとまったく同じなんですよね。
町山　そっちは東映の映画ですけどね。
春日　そこに八路軍のゲリラが襲いかかってくるっていう話なんで、これはすごいです。

町山　戦争が終わって、中国人と日本人の間に入って金を稼ごうとしている悪い奴が出て来て、それが夏八木勲。
春日　まさかこの人がこんな役をやるとは。
町山　コウモリのような奴で、しかも変質者。
春日　サディストなんですよね。
町山　中国の共産軍の女ゲリラの佐藤友美[*23]をネチネチと、いやらしく拷問する。
春日　もうクズ中のクズやってますよ。本当にいやらしい、渡辺文雄と二大巨頭と言ってもいい、あの男気あふれる夏八木勲がこれやるっていうのは、ショッキングでした。好きなアイドルがどエロな濡れ場やるような、それくらいのショックでした。
町山　中国人に対しても日本人に対しても酷《ひど》いことする。
春日　最初に大宮と有田に会う時はまだ部隊長なんですよね。で、何をやってるかって言ったら敗戦を信じない狂信的な軍隊をつくって、銃剣で藁《わら》人形を刺す練習なんかを、もうみんな撤退してんのにまだやらせてるっていう。誰も敗戦を信じない。
町山　夏八木は最初、右翼的な男として出て来るんですけども、途中から自分のことしか

＊23　『ある殺し屋の鍵』（'67）『吸血鬼ゴケミドロ』（'68）『子連れ狼　冥府魔道』（'73）など。

考えてない奴だってことがバレてくる。
町山　で、八作目には勝新映画によくある、赤ちゃんの話がね、入って来る。
春日　『座頭市』でもありましたね。勝新は赤ちゃんが出ると自分のオッパイをあげたがる。
ついにプロポーズ？

町山　大宮がね、置き去りにされた赤ん坊を見つけるんです。有田は「中国人の子か日本人の子かもわからん」って言うんですが、大宮が「でも人間の子でしょ？」って言うんですよ。本当に泣ける台詞。舟橋和郎《かずお》さんの。
春日　でもどうしても有田は、「俺たちは命を狙われてるんだから、やっぱりこの子を連れてくと大変な目に遭わせることになる」って中国人の家に置いて行こうとする。でも泣き声がずーっと聞こえて来て「あのままにしておけば死にますよね」と大宮がぽつりと言うと、有田が止まって、「大宮、つれてこい」って。
町山　有田もやっぱりね、赤ん坊連れてったらいつ泣くかわかんない、ソ連軍に気づかれたら殺されちゃうけど、でもやっぱり置いてけないんですよ。二人で赤ちゃんを抱えてね、このカップルが。

春日　二人であやしたりオシッコの面倒みたり、完全に夫婦の画なんですよね。
町山　ここで有田が決定的な台詞を言う。赤ちゃんに向かって。「お前は俺たちの子だよなぁ」。
春日　これはもう……俗にいう「公式」ってやつでしょ。公式認定入りましたっていう。二人の子なんですよ。
町山　大宮も「日本に帰って、この子と上等兵殿と三人で一緒に暮らしましょう」と。
春日　プロポーズですよ。
町山　最後は赤ん坊を抱えたカップルが去っていくところで終わる。
春日　三人で楽しそうに荒野を去っていく。この前に、日本に引き揚げる最後のトラックが出発する場面があるんです。そこに怪我してる有田が間に合わないんです。大宮は赤ちゃんを連れて間に合う状態にあるんだけど有田が気になる。大宮は有田と残ってしまう。
町山　自分が助かるのに。
春日　だからこの二人はもう日本に帰れないんですよ。日本に帰ることよりも二人でいることを選んだ。こんな美しい愛の物語はないですよ。
町山　この終わり方はすごい。
春日　これはラブストーリーの完結としては完璧ですよ。考えてみたら引き揚げる最後のトラックに乗れないんでアンハッピーエンドなんですよね、内地に戻れないから。でもなんか幸せそうな後ろ姿なんですよ、この三人が。

えげつない『新兵隊やくざ』

町山　その後ね、大映は崩壊します。で、勝プロは東宝配給で、最後の『兵隊やくざ』として『新兵隊やくざ　火線』（'72）をつくる。増村保造監督が戻ってきて。
春日　一作目から戻ってきてっていう感じで、それで「時代劇編」で詳しく語っていますが、勝プロが映画で『子連れ狼』（'72〜'74、「時代劇編」参照）と勝新太郎の映画の二本立てっていうので当たっていくんですけど、ほぼ『子連れ狼』人気なんですよね。だからこの時期は『子連れ狼』が若山富三郎[*24]主演で当たって、勝新太郎はそのプロデューサーなんで、当時の雑誌とか幹部の証言を聞いてても、勝新太郎は役者としてよりは、経営者としてプロデューサーとして評価されてるんですよ。意外なことに。だからヒットメーカーとして勝新太郎はいたって感じなんです。それで自分は『座頭市』やったり『悪名』やったりしたけども、なんかできねぇかなぁってことで、もう一回『兵隊やくざ』を復活させるわけですね。『新兵隊やくざ』ってことで。
町山　悪い日本軍の士官兵役は宍戸《ししど》錠[*25]。彼がいた日活も崩壊して、東映にしばらく行きますけどね。
春日　ただ東映とはまったく合わなかったみたいです。
町山　劇中で有田と大宮がこう言われます。「二人ともいつもつるんでやがるな。オカマじゃねぇのか」って。「どんな気分だよ?」って。すると勝新ははっきりと言うんです。「いい気分だよ!」。
春日　認めちゃった。
町山　「てめえにも教えてやろうか?」。もう、そういう映画。あと、マドンナが安田道代[*26]。中国のゲリラの役です。で、大宮と愛し合うようになるんですけど、安田道代を宍戸錠が縛り上げて勝新の目の前でレイプする。すごいシーン。七二年らしい。
春日　七〇年代、勝プロ、増村保造と並んだら『御用牙』シリーズもそうでしたけど、こうなってきますよね。

＊24　『子連れ狼』シリーズ（'72〜'74、時代劇編参照）『悪魔の手毬唄』（'77）など。勝新太郎は弟。
＊25　日活アクションスター。愛称〝エースのジョー〟。『渡り鳥』シリーズ（'59〜'61）『拳銃無頼帖』シリーズ（'60〜'65）など。
＊26　現・大楠道代。大映の看板女優。フリーののち、『ツィゴイネルワイゼン』（'80）など。

町山　もうドロドロ。で、最後に悪い日本軍の士官をトイレの便槽に突き落とすんですよ。『人間の條件』とおんなじ。
春日　あ、たしかに。
町山　だから両方見ると本当に面白いんですけど、両方シリーズ全部見るのは大変。
春日　『人間の條件』が全部で六部。こっちは全九作。合わせて一五作。
町山　で、『人間の條件』でトイレに突き落とされるのは金子信雄。金子信雄がどんな悪いことしたかっていうと、中村玉緒をレイプしたんですよ。
春日　ああ、そうか！
町山　勝新はここで同じ立場の違う人をトイレに落とすことで、中村玉緒さんの仇《かたき》をとってますからね。
春日　そっから繋がってくるわけですね。うわー深いなぁ。
町山　で、この映画は軍服を焼き捨てて終わるんですけど、本当にメッセージがはっきりした、『人間の條件』の超エンターテインメントBL版。シリーズを通して見ると、一つの愛がどんどん……。
春日　そう、一つの愛が育まれていく過程、片思いしたり何したり、海外の戦争メロドラマを見ているような感覚でご覧になっていただけるかと。

第三章

『日本のいちばん長い日』（一九六七）

——戦争を終わらせる戦い

★一九四五年八月一四日から一五日にかけて、宮城内で降伏反対派によるクーデターが勃発。ポツダム宣言受諾をめぐる首脳部の攻防と、玉音放送の録音盤をめぐる攻防をスリリングに描く群像劇。

〔公〕一九六七年八月三日 〔製〕東宝 〔配〕東宝 〔時〕一五七分
〔監〕岡本喜八 〔脚〕橋本忍 〔原〕大宅壮一 〔製〕藤本真澄、田中友幸 〔撮〕村井博 〔美〕阿久根巖 〔音〕佐藤勝 〔録〕渡会伸 〔照〕西川鶴三 〔編〕黒岩義民 〔出〕笠智衆（鈴木総理）／山村聰（米内海相）／三船敏郎（阿南陸相）／高橋悦史（井田中佐）／黒沢年男（畑中少佐）／島田正吾（森近衛師団長）／小林桂樹（徳川侍従）

タイトルが出るまで二〇分

町山　岡本喜八監督[*1]『日本のいちばん長い日』（'67）。一九四五年八月一五日に日本が連合軍に無条件降伏して、敗戦が決まり、それを国民に知らせるまでを描くドキュドラマです。昔は終戦記念日になるとテレビで放送してました。最近は庵野秀明監督[*2]の『シン・ゴジラ』（'16）に強い影響を与えています。
春日　『シン・ゴジラ』は岡本喜八本人が写真で出てきますからね。
町山　原作の『日本のいちばん長い日』は、先にアメリカに『ザ・ロンゲスト・デイ（いちばん長い日）』（'62　ケン・アナキン、アンドリュー・マルトン監督）という映画がありまして、邦題が『史上最大の作戦』。原作はノルマンディー上陸作戦の一日を当事者たちのインタビューで描いた本でした。『日本のいちばん長い日』はその日本版を意図した題名です。
春日　そのタイトルが出るまで二〇分以上かかります。

＊1　『独立愚連隊』（'59）『江分利満氏の優雅な生活』（'63）『肉弾』（'68）など、ジャンルを越えて数多くの名作・話題作を監督。著書に『マジメとフマジメの間』など。
＊2　日本を代表するアニメーション作家。代表作はテレビアニメ『新世紀エヴァンゲリオン』（'95～'96）。『シン・ゴジラ』総監督。

町山　映画は八月一四日、皇居内の防空壕に鈴木貫太郎首相をはじめ、日本の最高指導者たちが天皇の前に集まった「御前会議」から始まります。議題はポツダム宣言を受諾するかどうか。七月二六日にベルリンのポツダムで、連合軍の首脳、トルーマン米大統領、チャーチル英首相、ソ連書記長スターリンが集まって、日本に対して無条件降伏を要求する宣言をしました。日本は原爆を落とされたうえに、ソ連が攻め込んできています。死者は三〇〇万人に及び、一刻も早く戦争を終わらせないと、日本が滅びる。でも、当時の日本人は一億玉砕、つまり本土に上陸するアメリカ軍と戦って国民全員死ぬよう言われていました。神風特攻隊の創始者の一人、大西瀧治郎海軍中将なんか、「男子の半分、二〇〇〇万人を特攻させれば勝てます！」なんてことを言う。
春日　二本柳寛《にほんやなぎひろし》[＊3]が演じています。
町山　しかし天皇陛下は、ポツダム宣言受諾を決断します。いわゆる「御聖断」です。日本の敗戦が決まりました。天皇自らラジオで国民に説明しないと納得しないだろうということで、その放送が翌日一五日の正午に決まる。それが八月一四日の昼一二時。放送まで二四時間。「日本にはそのいちばん長い日がやってきた」と仲代達矢さんのナレーションが流れて、『日本のいちばん長い日』というタイトルがやっと出る。ここまで二〇分以上かかってる。

春日　かっこいいんですよね、タイトルの出方が。
町山　三時間くらいの映画で、前半と後半と二つに分かれています。前半は天皇陛下の終戦の詔《みことのり》をレコードに録音するあたりまで。後半は、そのレコード、玉音盤と呼びますが、その奪い合い。玉音放送を阻止して戦争を継続しようとするクーデター派と、戦争を終わらせようとする官僚たちとの戦いになってきます。前半が会議、後半がアクションです。

『日本のいちばん長い日』が映画化されるまで

町山　原作は大宅《おおや》壮一とクレジットされますが。
春日　このときはそうなってますけど、実際には半藤一利で、半藤さんはこのとき文春の社員だったので――。
町山　『文藝春秋』の編集長だった。
春日　なので自分の名前を表に出せなかったんですね。それで大宅壮一の名前を借りる形で本を出した。今は半藤一利原作ということにクレジットが変わっています。
町山　原作は当事者の証言を集めたノンフィクションですね。

＊3　大映、東宝を経て、日活ギャングものなどで活躍。敵役で知られる。

春日　まず、この作品が生まれた背景から解説します。これが東宝の絶頂期になるわけです。東宝は戦後に大きな労働争議があって製作体制ぼろぼろになっていたんですけど、そこから大作路線に活路を見出して、六〇年代は、黒澤明作品だったり『ゴジラ』だったりをつくって隆盛を極めていく。同時に、加山雄三の『若大将』シリーズ、森繁（久彌《ひさや》）の『社長』シリーズ、そういう健全娯楽路線と大作路線を重ねながら、これがちょうど高度経済成長期の明るい世相と合って、次々とヒットしていく。
町山　ところが六〇年代、東宝以外はどこの映画会社もテレビに客を取られて経営危機だった。東映、松竹、日活、大映……。
春日　東映も時代劇が当たらずに試行錯誤していて任俠映画に活路を見出すまでに時間がかかります。松竹も撮影所を一つ潰している。それで斜陽期と言われ始めてるんですが、東宝だけ絶好調で興行収入の年間ベストテン上位はほぼ東宝で占められている状況でした。このとき東宝の清水（雅《まさし》）＊4社長が言ってるのは「世間は皆、斜陽と言っているけど、東宝には斜陽という文字はない」。そこまで言いきってる状況で。その映画の全てを取り仕切る本部長をやっていたのが藤本真澄《さねずみ》＊5プロデューサー。彼はどういう人かというと、もともと明治乳業の広報から来た人で、民主的で理知的な人。当時の映画プロデューサーはどちらかというと、やくざまがいな人たちが山師的な感覚でやってきたんですが彼は違っていました。
町山　大映の永田（雅一）*6社長みたいに実際にやくざだった人もいました。
春日　藤本は戦後民主主義に対して信奉している人で、石坂洋次郎の『青い山脈』（'49今井正監督）を当てたことで有名になりました。それと成瀬巳《み》喜《き》男《お》*7監督の作品、『社長』シリーズ、『若大将』シリーズ。日本の戦後民主主義的な健全さを描きたいという人で。そして映画会社は金が儲かってくると何をやりたがるかというと、その総力を結集したオールスター超大作。藤本が自分の戦後民主主義への想いを込めた総決算作品をオールスターキャストでやりたいということで企画されたのが『日本のいちばん長い日』。だからこれはオールスター映画という意味合いもあったんです。
町山　それまで日本の映画会社はオールスター顔見世興行で『忠臣蔵』をつくってたんで

＊4　阪急百貨店、東宝社長などを歴任。
＊5　『社長』シリーズ（'56～'70）『若大将』シリーズ（'61～'71）などを手掛けた、東宝の看板プロデューサー。
＊6　映画プロデューサー。大映で『羅生門』（'50）『釈迦』（'61）などを製作。
＊7　女性の生き様、心の機微を巧みに描いた。高峰秀子と『浮雲』（'55）など多くの作品でコンビを組む。

すが、その代わりみたいな。
春日　東宝にいるスターが全て出てきます。三船敏郎、小林桂樹《けいじゅ》、志村喬《たかし》。黒沢年雄（当時、年男）もこの時の若手スターでしたから。もちろん若大将の加山雄三も出てる。
町山　出てないスターはゴジラだけ。

監督降板劇

春日　監督をどうするかというのが問題になります。大監督に任せたいわけですけど、藤本は黒澤明が大嫌い。『隠し砦の三悪人』（'58）でしか組んでないんですけど、あれで黒澤が金を使いすぎちゃって、それで黒澤を黒澤プロに追い出しています。黒澤とはもう絶対にやらないと思っていました。稲垣浩（第七章参照）は時代劇専門の監督。かといって古澤憲吾[*8]とか『社長』シリーズをやってるローテーションの職人たちには任せられない。それで他社の人に頼もうということで白羽の矢が立ったのが小林正樹です。藤本は『人間の條件』が好きで、一方で当時『怪談』（'64）という映画で一つプロダクションを潰してしまった小林正樹には仕事がなかった。それから、俳優座に佐藤正之[*9]というプロデューサーがいまして、この人は小林正樹が食えない状態なのを面倒を見ていました。それで佐藤正之からの売り込みもあり、よし小林正樹監督でやろうということになってプロジェクトが動き出します。そして脚本は、『生きる』（'52）『七人の侍』（'54）の黒澤作品から始まり、小林正樹とは『切腹』（'62）もやってきた、大脚本家の橋本忍[*10]に任せるということになります。
町山　小林正樹は後にドキュメンタリー『東京裁判』（'83）をつくります。
春日　ところが、です。結果からいうと小林正樹が降りてしまうんです。なぜ降りたかというと不明なんですね。この前、小林正樹のインタビュー本（小笠原清・梶山弘子編『映画監督 小林正樹』）が出たんです。それを読むと小林正樹は「降ろされてない」という言い方をしてるんですね。彼はあくまでも、三船敏郎が『グラン・プリ』（'66 ジョン・フランケンハイマー監督）というハリウッド映画に出ることになって撮影が延期になった、それで自分は外されたんだという言い方をしてるんですけど。いろいろ考えると、それだったらも

＊8　『無責任』シリーズなど東宝の娯楽映画を多く手掛けた。
＊9　俳優座で映画企画を手掛ける。その後独立して映画製作会社「仕事」を創立。妻は女優の菅井きん。
＊10　骨太な傑作を多く執筆。『羅生門』（'50）『白い巨塔』（'66）『砂の器』（'74）など。著書に『複眼の映像 私と黒澤明』。第五章も参照。

う一回彼に戻ってくるわけで、戻らなかったということはやっぱり外されたんだろうなと思います。
町山　完全主義者だし、松竹出身だから、東宝としては使いにくかったんじゃない？
春日　橋本忍さんに訊《き》いてみたところ、こういう証言が出てきました。ある日突然、藤本が来てくれと言うから東宝へ行ってみた。行ってみたら東宝の藤本さんの部下が来て、さっきまで小林正樹がいたんだけど、藤本小林の二人がものすごい詰《なじ》り合いの喧嘩をしていた。それで橋本忍が入っていったら藤本が一人でいて、まだ怒り狂っていた。いかなることがあっても俺は小林正樹と仕事せんと言い切ったと。小林正樹はそのことを認めてないんですけどね。それで橋本さんが「じゃあ『日本のいちばん長い日』やめるの？」と言ったら、「これは俺の念願の大プロジェクトだし、絶対にやめない」と。実はこの段階で橋本さんは脚本家なんですけど、東宝とはプロデューサー契約を結んでいるんです。ですからアドバイザー的な関係があるから、「橋本、頼む。東宝の砧《きぬた》（撮影所）に誰かいい監督いるか？　選んでくれ」と。
町山　やっぱり東宝の監督でやろうと。
春日　藤本に頼まれた橋本忍がまず選んだのが堀川弘通《ひろみち》。*11 橋本忍は基本的に黒澤明ベースの人だから、黒澤門下の人から選んでいく。黒澤の一番弟子が堀川なので。そしたら堀川も黒澤と同じで金を使うんですよ。それがあるので藤本が断って。それで岡本喜八はどうかと藤本に言ったら、藤本は「喜八、あいつは草書で字を書く男だ。『日本のいちばん長い日』は楷書の作品である」と。楷書で撮れる監督じゃないとだめだと言ったんですね。そしたら橋本さんがキレるんです。「草書も楷書も映画にあるか。他に誰もいないだろ、東宝に」ということになります。
町山　それで岡本喜八に決まり？
春日　いや、ここで企画が止まっちゃうんですよ、藤本が決断できなくて。そしたら何も知らない岡本喜八が藤本のところにやって来て、「東宝は最近企画が止まってるのが多いですね」みたいな話になって、「なんで小林さんの『日本のいちばん長い日』をやらないんですか。あんな東宝らしい作品はないですよ」って言ったら、藤本がカチンときて「そんな言うならお前がやれよ」ってことに。
町山　そんな売り言葉に買い言葉で――。
春日　でも「お前、今まで一本立ての大作映画ってやったことないよな。大変だから助監

＊11　黒澤明の助監督を経て『裸の大将』（'58）『黒い画集　あるサラリーマンの証言』（'60）『激動の昭和史　軍閥』（'70）などを監督。

督に森谷司郎をつけるわ」と。そしたら岡本喜八が「何日くらいかかります？」「六〇日くらいかな」「だったら俺一人でやりますよ」ということで、岡本喜八が監督になる流れになった。岡本喜八はこれを引き受けてヒットさせたご褒美で、この後ATG（アートシアターギルド）で『肉弾』（'68）を撮らせてもらいました。
町山　ATGは東宝が出資してた低予算のインディペンデント映画会社です。
春日　で、橋本忍が心配したのは外された小林でして。小林は仕事ぽっかり空いちゃったし、ただでさえ借金抱えてどうしようということで考えたのが、三船敏郎に頼み込んで「俺が脚本書くから、小林正樹で一本つくってくれないか」。それでつくったのが『上意討ち 拝領妻始末』（'67）だったということです。『日本のいちばん長い日』に派生する形で、『日本のいちばん長い日』『肉弾』『上意討ち 拝領妻始末』という名作が三本できてしまった。一石三鳥。六七年の一番のヒットが『日本のいちばん長い日』。『上意討ち』が『キネ旬』の一位です。興行のトップと批評のトップが同時に生まれたわけです。
橋本忍も「当たらないと思った」が……
春日　内容的には地味な企画です。これをオールスターでやって大丈夫かと、橋本さんは算盤《そろばん》が利く人なので考えたらしいんです。これは絶対に当たると思わなかったと。

町山　オールスターなのに?
春日　「俺は外れると思ってやった」と。
町山　へえ。
春日　当時、宣伝部に聞いたら皆が外れると思ってるという話で。藤本に「これ、当たらねえぞ、さすがに」と言ったら、「こういうのは客が入らなくても、映画会社としてつくらなきゃいけないんだ」と言いきったそうですよ。東宝は娯楽映画ばかりじゃなくて、こういうのもつくらなければいけないと。
町山　戦争映画だけど、アクションもほとんどないし。娯楽的な要素が少ない。
春日　しかも、この映画は屋内劇なんですけど、会議室のシーンの美術とかでお金がかかりすぎたということと、外れる可能性が高いということで、実は撮影が終わった後で東宝は逃げ腰になって言い訳ばっかりするようになったそうです。みんなが「俺は知らない」「俺は知らない」みたいな状況になっていた。橋本忍は『太平洋の地獄』の脚本を書いている関係で当時アメリカにいて、三カ月くらいして帰ってきたら撮影が終わっていたと。戻ってきてすぐに東宝の撮影所に行ったら、『日本のいちばん長い日』のオールラッシュがあるということで、時差ぼけの頭でオールラッシュを見たものだから途中で寝ちゃったらしいです。まったくこの映画は面白くなかったと。

町山　まあ、会議シーンが延々と続くから。
春日　それでプロデューサー会議というのがあって、所長以下が集まってオールラッシュを終えて会議をやったときに、所長が「オールラッシュが無事に終わり、映倫の許可も下りました。来週ダビング作業をやって、九月何日に公開します」と言ったら、橋本さんがぶちキレたんです。「お前、今何て言った？　もう一回、今の話を言ってみろ」と。「オールラッシュが無事に終わり、映倫の許可も下りました。来週ダビング作業をやって、九月何日に公開します」「おい待て。この映画はな、八月一五日に封切るから俺はこの企画を受けたんだ。馬鹿野郎！」と橋本さんがぶちキレて、「八月一五日の映画を半袖から長袖に変わるような九月なんかにやって客が来るわけねえだろ。絶対に八月一五日に封切れ」と。でも宣伝部も「この映画は当たらないですから」と反対して。
町山　当時、お盆にはできないと。お盆映画って、日本映画の伝統で楽しい映画をやるんですよ。それか怪奇映画。
春日　あとファミリー映画。家族揃って来るときですからね。
町山　この映画、女性も出てこないしね。
春日　「東宝のお盆興行にはできません」と言われて。「うるさい、やるんだよ！」と。いちばん最後まで大阪支社なんかが頑強に抵抗したりもあったけど、藤本さんに頼み込んで、

「これは絶対当たらないけど、八月にやらなかったらもっと外れる」ということで。
町山　「終戦記念日」が最大のギミック。
春日　ところが試写でいろんな人に見せていったら、宣伝部の対応が変わっていった。「藤本さん、これはひょっとしたら当たるかもしれませんよ」「当たるのか、これは⁈」という話で。蓋を開けたら大ヒットで。この頃、橋本さんは競輪番組の解説をやってたんですよ。
町山　競輪？
春日　競輪マニアで。全国の競輪場を回っていたらしいんですけど、北九州の競輪場の元締めの怖い人に会って話したらしいんですよ。「あの映画、どうして当たったのか、俺わからないんだよ」。この辺の言い回しは橋本節でしょうけど「橋本さんともあろうお方がおかしいんじゃないですか。今の時代は先の見えない時代です。車でも何でも、先が見えないとどうしますか？」「とりあえず後ろから何が来るか、振り返るな」「そう、先が見えない時代は後ろを振り返るんです」。
町山　名言だね。「先が見えないなら、振り返れ」。
春日　橋本忍からすると、八・一五を舞台にした映画は前にもつくられていたと。一本も当たってこなかった。でも「かつての八・一五映画は戦後間もない頃だから振り返る感覚がない。でも今こんな時代になって先が見えないと、人間は後ろを振り返りたくなるんです。終戦から十分時間が経ったんだから、これは振り返る映画として当たるんです」ということを言うわけですよ。
町山　競輪場のおっさんの分析のほうが正しかった。

脚本を変えて岡本喜八が描きたかったもの

春日　ここで岡本喜八が入ってくるわけですけど、DVDの解説を読むと脚本との違いを調べた人がいて。三船敏郎扮する阿南《あなみ》（惟幾《これちか》）陸軍大臣は最後は壮絶な切腹をし、島田正吾扮する近衛師団の森（赳《たけし》）師団長と部下は殺される場面がありますが、シナリオではこのシーン、脚本では音だけで描写されて映像がなかった。
町山　映画はがっつりゴア（血みどろ描写）を丸見せ。
春日　つまり岡本喜八はこれを描きたかった。「死」ですよね。
町山　三船が腹をググググググゥと横に裂くのをドアップで見せて、島田正吾の部下の首がボーンと斬れるのを真正面から撮ってますからね。
春日　やっぱり「死と狂気」を描きたいというのが岡本喜八にはすごく強くて、橋本脚本からさらにそこを強めていった。DVDの解説には宣伝用プレスシートから引用してる岡本喜八監督の文章があって。「終戦の日、私は二一・六才、豊橋予備士の候補生であった。私にとって戦争とは何であったか？　友人が声もなくドンドン死んでいった日々である。やがて同窓生名簿からは、その半数が消えてしまい、私自身も自分の寿命を摑《つか》みでせいぜい二十三才と踏んだものだ。私にとって終戦は何であったか？　その二十三才と踏んでいた寿命が、劇的に、少なくとも日本人男子の平均寿命六七・二才位まで延びた日である。〝日本のいちばん長い日〟での私の仕事は、そのような、生と死の丁度ど真ん中にいた二一・六才から出発した」。
町山　『英霊たちの応援歌』（'79）も特攻隊として散っていった早慶の大学生、岡本監督の同世代への鎮魂歌でしたね。
春日　もう一つDVDに掲載されているパンフレットのほうでは、「あの日がなければ私も日本もどうなっていたか判ったものではない。『日本のいちばん長い日』は新しい日本の一ページめだ。当時二一・六歳の候補生であった私は、いささかの曖昧模糊《あいまいもこ》も許さずにこの歴史を変えた一ページを知りたい。私たちの寿命をちぢめていたあの強大な力がどのようにして萎えていったのか。血と汗と涙がどのように流されて新しい日本が生まれたかを…」と、本人としては自分の寿命が延びたのがこの日だったということで、その日に何が起きたのかを全部知りたいという意識。これはいつもの岡本監督にはない世界なんですね。いつもは下士官の世界で、上官たちは悪であり、下士官たちは苦しめられているという話なんですが、今回は岡本ワールドからしたら悪役ばっかりなんです。つまり上官たちであり政治家たちであり。彼らは普段の岡本ワールドの悪役たちの物語なのに、それを全部克明に描いているというのは、本人の中に「俺の出発点」というのがあるから。
町山 岡本喜八はいつも末端の名も無き人々を描いていました。戦争映画だけじゃなく、『侍』（'65）や『赤毛』（'69、第七章参照）『吶喊《とっかん》』（'75）みたいな幕末ものでも。社会の末端の庶民たちがいかに政治に利用され、踏みにじられていくかをずっと描いてきた。それが今回初めて敵である上官とか官僚たちを描いた。でも、宮城《きゅうじょう》事件というクーデターを起こそうとする下士官たちがいて、これは岡本喜八がいつも描いてきた末端の若者たち。そっちは得意技ですね。

戦争を終わらせようとする人々

町山 出演者は、まず鈴木貫太郎総理大臣が笠智衆《りゅうちしゅう》*12。最高の棒読みをしています。
春日 これはもう笠智衆をおいて他に考えられないですよね。
町山 御前様が御前会議。
春日 飄々《ひょうひょう》として本心がわからない。

町山　この頃は戦争の収拾にかかっているので、こういう腹芸の人というか、おっとりした人が総理大臣なんですけども。で、ポツダム宣言を受け入れるまでが大変でね。まず、国体が護持できるかという論争。
春日　この「国体」という言葉がキーワードになってくる。
町山　国体とは要するに天皇制ですね。無条件降伏してもそれを維持してくれるのかと。完全に解体して別の国にしないと約束してくれなければポツダム宣言を受け入れられないと、揉めるんですよ。
春日　そこで天皇陛下の御聖断。
町山　次は終戦の詔の内容の会議。「この文章はおかしい」「この文章は許せない」と揉める。いちばん問題になるのは、なぜ戦争に負けたのか国民に説明する文章。「それは困る」と陸軍大臣が言うわけですよ。
春日　官僚的ですよね、ここ。言葉の使い方が。
町山　「我々は一生懸命戦ったのに」と。
春日　「前線にいる兵士がそれを聞いてどう思うか」と言う阿南陸軍大臣。演じるは三船

＊12　三〇代から老け役を演じ、『晩春』（’49）『東京物語』（’53）など小津安二郎監督に重用される。

敏郎[*13]。最初はこの人、ゴリゴリのタカ派かと思いきや、実はそうじゃない。素直に降伏できない立場なんですよ。前線の兵士のことを考えると、って。
町山　つらい立場が観客に伝わってくるので儲け役です。その阿南陸相に対して「負けはさっさと認めろよ」みたいなことを言うリアリストが米内《よない》（光政）海軍大臣。海軍は昔から国際的な視野、大局からものを見るタイプが多いですが、演じる山村聰《そう》さん（第一章も参照）は東大出のインテリですからピッタリ。三船さんと山村聰さんが陸軍と海軍で対立するわけです。自分は負けてない、負けたのはそっちだと思ってる。陸軍の阿南大臣が言うのは「局地戦では負けているが、最後の勝負はついていない」。ミッドウェイ海戦で海軍が負けたから、補給線が途絶えて陸軍は負けたんだぞ、みたいな感じで、仲がめちゃくちゃ悪い。
春日　海軍は「沖縄でどれだけ死んだと思ってるんだ」と陸軍を責める。
町山　山村聰が三船敏郎を「沖縄であれだけ民間人を巻き込んで、どう責任取るんだ」と。これが阿南切腹の伏線になる。
春日　これが上手いんですよね。
町山　内閣情報局に志村喬[*14]さん。いわゆる大本営発表をするプロパガンダ担当。ゲッベルスにあたる情報局の局長ですけども、その頃は大政翼賛会だったので、彼は朝日新聞の社長でＮＨＫの社長でもある。当時の日本政府がいかにメディアを統制していたかがわかります。この映画が面白いのは、そういうトップの閣僚だけじゃなくて、もっと下のほうの人たちの動きもよく描いていて、印象に残るのは迫水《さこみず》（久常）内閣書記官。
春日　加藤武[*15]ですね。
町山　加藤武はいつもどおり老獪というか、庶民的だけど頼りになる人物を素晴らしく演じています。で、彼らは天皇が読み上げる「終戦の詔」の原稿を書かなきゃならない。で、松本（俊二）外務次官が戸浦六宏《ろっこう》。[*16]いつもは暗い悪役ですが。
春日　あの戸浦六宏が悪くないんですよ。
町山　阿部サダヲみたいですね。

＊13　『酔いどれ天使』（'48）から『赤ひげ』（'65）まで黒澤作品に主演。外国映画への出演も多く〝世界のミフネ〟と呼ばれた。第七章も参照。
＊14　『七人の侍』（'54）『生きる』（'52）に出演。『ゴジラ』（'54）など特撮映画でも活躍。
＊15　文学座の俳優。舞台、映画、テレビで幅広く活躍。『仁義なき戦い』シリーズ（'73〜'74）の打本組長役や市川崑監督『金田一耕助』シリーズ（'76〜'79、'06）の警部役などが有名。
＊16　『絞死刑』（'68）『儀式』（'71）など大島渚監督作品の常連。個性的な悪役として多くの映画やテレビドラマに出演。

春日　可愛げがある。
町山　戦争を終わらせようとする、良い役人を演じてます。そして、彼らに対して戦争を継続させようとする人々がいる――。

戦争を終わらせまいとする人々

町山　終戦を阻止するためクーデターを起こそうとする将校たち、その先兵が陸軍少佐、畑中健二。演じる黒沢年雄[17]はこれが生涯のベストワークですよ。この前、娘さんのレイラさんと仕事で一緒になったので「お父さんの最高の仕事は『日本のいちばん長い日』ですよ！」って言ったらキョトンとされちゃった。とにかく全編、ものすごい形相ですよ。玉の汗を光らせて。
春日　まばたきを一回もしてないと思うんですよね、この映画で。ずっと目をひん剝《む》いている。これが黒沢年雄だって気づかない人もいるんじゃないですかね。
町山　その畑中少佐の相棒が中丸忠雄[18]扮する椎崎（二郎）中佐。中丸忠雄さんは『キイハンター』の国際警察の潜入捜査官で知られてますね。もみあげが異様に長くて。
春日　喜八組では悪役をずっとやってきた人です。
町山　この二人が、玉音盤を奪取して終戦を止めようとします。畑中はクーデターを起こすために陸軍の上級将校を巻き込もうとする。それが井田（正孝）中佐。高橋悦史《えつし》[*19]です。カリスマ性がありますから。高橋悦史は悪役ができない人ですね。とにかく男らしくて、目も鼻の穴も大きくて。
春日　ゴリラ系の顔ですよね。
町山　すごく低い声で「みんな燃やしてしまえ」とか言いながら市ヶ谷の陸軍で戦時中の重要書類を焼却処分している。従軍慰安婦をはじめ戦争犯罪の証拠が出てこないのは、こんな風に全部焼いちゃったからですね。椎崎は近衛、つまり天皇の直属部隊の士官をオルグしようとする。天皇をかつぐためにね。近衛のほうは久保明[*20]、佐藤允《まこと》[*21]。久保明といえば『妖星ゴラス』（'62 本多猪四郎《いしろう》、円谷《つぶらや》英二監督）とかの優男《やさおとこ》。佐藤允は岡本喜八映画の常連の

＊17　東宝の俳優。旧芸名は黒沢年男。『ひき逃げ』（'66）『血を吸う薔薇』（'74）など。
＊18　東宝の俳優。『独立愚連隊』（'59）や『暗黒街の顔役』（'59）など岡本作品の常連。
＊19　岡本作品の常連。ほか『日本の首領』シリーズ（'77～'78）、テレビ時代劇『鬼平犯科帳』シリーズ（'89～'95）など。第四章も参照。
＊20　東宝で青春スターとして活躍後、『マタンゴ』（'63）など特撮映画にも数多く出演。
＊21　『暗黒街の顔役』（'59）『独立愚連隊』（'59）など岡本作品の常連。ほか『セーラー服と機関銃』（'81）など。

ギョロ目俳優。
春日　ここもゴリラ系。
町山　佐藤允、黒沢年雄、高橋悦史というゴリラでギョロ目俳優たちが、汗とつば飛ばして決起を叫ぶのをクロースアップで大スクリーンいっぱいに撮影する。凄まじい顔圧だよね。
春日　ただでさえ顔圧すごい人たちなのに。台詞《せりふ》もテンション高いので。
町山　佐藤允といえば、岡本喜八監督『独立愚連隊西へ』で、軍旗を奪回するために決死の作戦をやらされる兵士でしたね。つまり彼らはいつもの岡本作品で上官から死んで来いと言われてた庶民です。それが急に政府から戦争終わりと言われて頭にくるんですね。政府は「一億火の玉」、国民全員玉砕せよとプロパガンダしてきたんだから、最後まで筋通してくれよと。
春日　岡本組の精鋭たちがそれで動いていくわけですね。
町山　台詞でも何度か出てくるんですけど、「天皇陛下を利用して戦争を始めたくせに、今度は天皇陛下を利用して戦争を終わらせて、自分らは責任を取らない。お前ら、いったい何なんだ」と。それが彼らの気持ちなんです。
春日　「死んでいった者の気持ちはどうなるんだ」って。

町山 三〇〇〇万人も死んだのに、国のトップまで死ぬ事態になったらやめるって、そんなずるい話はないだろうって。彼らはアメリカと戦うというよりも、騙されたことに対して怒ってるんですよ。戦争という詐欺に対して。
春日 ここは岡本監督の想いが入ってますね。
町山 真骨頂です。で、将校たち以外にも戦争を続けようとする人たちがいて、みんな岡本喜八監督映画の常連俳優なんですよ。まず埼玉県の児玉航空基地では、八月一五日未明に特攻隊を出す。狂信的に「特攻しろ」と演説をするのが伊藤雄之助。[*22]『太陽を盗んだ男』（'79 長谷川和彦監督）の冒頭でバスジャックをして「天皇陛下に会わせろ」とか言ってた人。この人も岡本喜八監督の常連で、『ああ爆弾』（'64）では主役をやってますよ。あの長い顔で。主役って人生一度きりじゃない？
春日 あと『プーサン』（'53 市川崑監督）がありますね。
町山 ああ、気の弱い独身中年男の役でね。それに横浜警備隊。帝都をアメリカから守るための首都防衛隊で、その佐々木隊長が天本英世。[*23]天本さん本人は反戦の人ですけど、ここでは徹底抗戦の演説をします。伊藤雄之助よりファナティックに。何言ってるか聞き取

＊22 歌舞伎界出身の性格俳優。『生きる』（'52）『忍びの者』（'62）など。著書に『大根役者』。

れないくらいで。
春日　おかしな人がそこにいることは確かにわかるという。
町山　戦争をやめると言ってる総理大臣や官僚たちを皆殺しにするぞと。
春日　それで「東京に行くぞ」と。
町山　守備隊のなかには『ウルトラセブン』のソガ隊員で知られる阿知波《あちは》信介[*24]がいます。彼も喜八組です。それから、小園大佐という厚木航空基地の第三〇二航空隊司令官は「三〇二空は最後まで抵抗するぞ」と宣言して戦闘を続行しようとする。この映画では、雷電とか新兵器がやっと手に入ったから試させろ、みたいなことを言う。日本軍は零戦に頼りすぎて、アメリカの戦闘機の性能に追いつけなくなったので、何とか新鋭戦闘機をつくって対抗しようとしたけど間に合わなかった。でも、やっとできてきたから使わせろと。
春日　「使わせろ」っていうね。
町山　「これならアメリカに勝てるから！」と叫ぶ小園大佐役は怪獣映画の軍人役でおなじみ田崎潤[*25]。これ、『海底軍艦』（'63 本多猪四郎監督）で彼が演じた神宮寺大佐と同じですよ。あっちは海底軍艦があればアメリカに勝てる！と叫ぶんだけど。戦後一八年も経ってね。そして昭和天皇の侍従の徳川（義寛）さん役が小林桂樹[*26]。『社長』シリーズでスケベな森繁社長のわがままに振り回されるマジメな専務役でおなじみ小林桂樹さんらしい真面目なお役人。
春日　真面目で実直で、でも譲らないところは頑として譲らない。
町山　徳川侍従が玉音盤を守ろうと命を懸けるんです。

〝世界のミフネ〟のベスト級演技！　阿南惟幾陸軍大臣の苦悩

町山　そしてなんといっても、三船敏郎。
春日　一世一代の演技ですね。千葉真一さんが名優の条件として「動ける役者だからこそ動かない役が様になるんだ」とよくおっしゃるんですけど、それを証明してますよね。三船敏郎というと黒澤映画のアクションのイメージが強いですけど、この映画は座り芝居しかない。普段動ける三船が動かないことでの重みと深さはすごいですよね。

＊23　東宝のアクション映画や特撮映画で活躍した個性派脇役。『殺人狂時代』（'67）など岡本作品に多く出演。テレビ『仮面ライダー』の死神博士でも有名。
＊24　岡本作品に出演多数。テレビ『ウルトラセブン』（'67～'68）のソガ隊員役が有名。
＊25　特撮映画、戦争映画など幅広く活躍。『明治天皇と日露大戦争』（'57）など。
＊26　戦後は東宝で活躍。『社長』シリーズ（'56～'70）『椿三十郎』（'62）『首』（'68）など。第四、五章も参照。

町山　『太陽』（'05　アレクサンドル・ソクーロフ監督）というイッセー尾形が昭和天皇を演じる映画では、阿南陸相は六平直政《むさか》が演じて、「一億玉砕です」みたいな軍人でしたが、三船敏郎のほうは、下から突き上げを食らって板挟みになって、ものすごく追い詰められている。でも会議ではそれをあまり見せない。でも、高橋悦史とか中丸忠雄の将校に「やはり責任取らなきゃなりませんよね」とさんざん言われてる。「これだけ兵士を死なせてしまったんだから、我々がそのまま生き延びるわけにはいかないでしょ」とプレッシャーをがんがんかけられている。だから終戦の詔においては、負けたのは軍のせいだったという表現はやめてほしい、せめて「戦況が好転しなかった」という表現にしてほしいとお願いする。
春日　少しでも前線にいる兵士たちがちゃんと退却できるようにということと、彼らの気持ちが折れないようにということで。急にそんな感じで負けたということを聞いてしまったら、彼らが終わってしまうから。だから彼らの心を保った上で、しかも敵軍に襲われないようなタイミングでという、そこをすごく守ってる。
町山　それに対して山村聰扮する米内海軍大臣は、さっき言ったように「そうやって言葉でごまかすなよ」と三船を詰める。
春日　ここの距離感はぴったりですよね。大石内蔵助《くらのすけ》に近いですよね、三船敏郎の阿南は。

町山　で、山村聰はいったん海軍に戻って、トイレに入る。それをじっとカメラが撮ってる。で、会議に戻ってくると、阿南陸相が求めたように、軍の過ちを認めない表現にしましょうと手のひらを返したように妥協する。つまり彼は海軍で阿南と同じように突き上げを食らってきたんですね。そうした心理の動きを腹芸だけで見せていく。

本作後半の軸、クーデター＝宮城事件

町山　後半の中心は、宮城事件と言われるクーデターです。近衛というのは天皇の直属の部隊です。
春日　陛下を御守りする部隊が近衛なんですね。
町山　クーデター派は近衛を反乱させたい。ところが近衛の森師団長が拒否する。演じるのは島田正吾[*27]。剣戟《けんげき》俳優ですね。
春日　新国劇という剣劇の劇団の辰巳柳太郎《たつみりゅうたろう》[*28]と並ぶトップの俳優さんです。
町山　リアルな殺陣《たて》ができる人で、ものすごい迫力がある。若い兵士たちに対してたった

＊27　剣劇で有名な劇団・新国劇のスター。映画出演に『国定忠治』（'54）『大菩薩峠』（'60）など。
＊28　沢田正二郎亡き後の新国劇を島田正吾と支えた剣戟スター。

一人で抵抗する。
春日　最初は飄々とかわしてますね。「明治神宮行ってちょっと考えてくる」とかね。
町山　クーデター派はそこで森師団長を斬り殺しちゃう。そして彼が死んだことを隠して、近衛師団長から決起命令が出たよ、と嘘を近衛に送って、宮内庁が保管している玉音盤を奪取しようとする。侍従の人たちはいかにもお公家《くげ》さんという感じで「はい、わかりました」と対応するんだけど、命がけで玉音盤を守るんです。軍人たちに銃を突きつけられても全然びびらない。
春日　ここは小林桂樹、見事でした。
町山　見事ですね。その一方で天本英世率いる横浜警備隊が東京に行って。
春日　笠智衆を襲おうとするわけですよ。
町山　鈴木総理の家を襲うと、新珠《あらたま》三千代扮するお手伝いさんが出てくる。この映画、台詞のある女優は彼女だけなんですよ。
春日　これが唯一出てくる女優。
町山　やっぱりこれは当たらないと思うよね。
春日　今ならまだ考えようがあるんですけど、これだけ明るい時代に。暗い話だし。
町山　血まみれだし。

春日　長いし、難しい話だし。
町山　モノクロだからよかった。カラーだと血みどろになっちゃうもんね。

これが喜八流！　大胆かつテンポの良い編集!!

町山　で、この映画がヒットした最大の要因は岡本喜八の編集ですよ。大量の登場人物のドラマがいくつも同時進行する映画を大胆な省略と異常に軽快なテンポでぐいぐい見せる。御前会議なんて、実際に話し合うショットはなくて、話し合ってる人の後ろ姿だけ見せて、「会議の内容はこうであった」とナレーションで済ませちゃう。会議シーンばかりの映画なのに、短いカットで画面がパンパン変わっていって飽きない。これは『シン・ゴジラ』がすごく勉強した点ですね。
春日　岡本監督はもともとカット数の多い監督で、せっかちだというのもよく言われてますけども、静の短いカットを繋《つな》げていったら動になってるというのが上手い人ですけど、それを会議でやったらどうなるかを発明したのが『日本のいちばん長い日』で、その演出法を庵野監督は『シン・ゴジラ』でやってますね。
町山　俳優の会話や動きじゃなくて編集による画面の切り替わりでリズムをつくっている。岡本喜八監督が生前、庵野秀明監督と対談された記事を読んでたら、どこまで短く切れるかという話ばかりしてる。人が歩いていきましたというときに、どこまで短くすれば歩いているることを表現できるか。岡本監督は三歩だと言うんです。一、二、三歩あれば、ずっと歩いてきたことがわかるだろうって。ウィンディング・レフン[29]に聞かせてやりたいですね。『ネオン・デーモン』（'16）なんて、ヒロインが廊下歩いていると端から端まで歩くのを見せますからね。最近の押井守[30]もそう。でも岡本喜八は三歩で歩き終わり！
春日　結果的に小林正樹と喧嘩して正解だったと思うのはまさにそこで、小林正樹はズドーンとワンカット、重く撮る。カメラを動かさない、フィックスで長く撮って役者の芝居をやっていくという監督ですから。これやったら相当な……。
町山　六時間になってますね、小林監督だったら。
春日　岡本喜八にしたことでテンポが一気に上がっていった。まったく正反対の演出方法ですから。
町山　会議のシーンはたぶん小林監督なら、何人かが机に並んで実際に台詞をやりとりさせて撮影するでしょうね。マスターショット撮って、切り返しでそれぞれのアップやミドル撮って。でも岡本監督は、それぞれの俳優が台詞を語る顔の超クロースアップをガンガン繋いでいく。顔圧で見せる。
春日　喋ってる奴が見えればいいだろうっていう。仲代さんが言うには、せっかちで待ってられない監督だったようです。間とかそういうのが落ち着かない人だと。普段からそういうところがあって、準備も現場も早く早く進めていく。
町山　庵野監督との対談では、コマ単位で切っちゃうと。何コマまで切り詰められるか限界に挑戦してる。
春日　撮ってる段階から短いカット割りで。市川崑監督は長く撮って後で切っていくやり方ですけど、岡本喜八監督は撮ってる段階からワンカットが短いんですよ。だから演じてる感覚がわからないということがあると言う役者さんもいます。監督の中にだけ繋がりが見えてる。
町山　重くならないんですよね。『英霊たちの応援歌』なんて特攻隊の悲惨な物語なのに、痛快アクション映画みたいな編集になってる。
春日　それこそ内田吐夢《とむ》の『大菩薩峠』('57〜'59)を見た後、岡本喜八の『大菩薩峠』('66)を見て驚きます。大アクション映画ですから、岡本喜八のは。

＊29　デンマーク出身の監督。『ブロンソン』('08)『ヴァルハラ・ライジング』('09)など。
＊30　映画監督。劇場版アニメ『うる星やつら2　ビューティフル・ドリーマー』('84)など。

八月一五日の空気感を醸し出す〝暑さ〟の演出

町山　で、この顔面クロースアップが汗びっしょりでね。
春日　八月一五日ですからね。軍服が滲《にじ》んでるんですよね。グラデーションがすごい。
町山　暑さの演出がすごい。たえず蟬の鳴き声が聞こえて、見てるだけで汗が湧いてくる。
春日　それでいうと、やっぱり森師団長ですよ。シャツ一枚で団扇《うちわ》で扇いで。すごくシリアスなシーンなのに、縁側のおじいさんみたいな感じですから。「おーい、お茶」とか本当に言いそうな雰囲気。ここらへんで一旦ふっと抜けるんですよ。抜けたと思ったら、一気に迫力のあるシーンになっていく。
町山　しかも佐藤允の顔が暑苦しい。ギラギラした目で。
春日　そこから首がスパーンだから。この服装とのギャップがすごい。
町山　この宮城事件は戦後の混乱であまり検証されてなかったそうですね。で、原作を書くための取材で初めて森師団長が殺された詳細がわかった。首を斬られたというディテールはそれなんですね。

映画史に残る〝切腹シーン〟

町山　で、阿南陸相が自宅で切腹する。軍人が切腹するのは狂信的だったり責任逃れだったりすることが多いですが、この場合は違う。この映画を見ると誰もが、切腹以外選択肢がないと思いますよ。
春日　俺が全部背負って死ぬんだ、みたいな。
町山　「この戦争で三〇〇万人死んだ」という台詞があって、ダメ押しで数字が字幕で出ますから、「合計三〇〇万人戦死」ってね。「その責任をどう取るんだ」って高橋悦史が責める。
春日　序盤から言うんですよ。「戦争をやめるなら皆切腹するしかないでしょう」って。
町山　あのいい声で「死んでいった兵士のために責任取るしかないでしょう」って。皆が「責任、責任」って言う。「天皇陛下に押しつけて責任取らない奴ばっかりだ」とか。ここまで追い詰められたら死ぬしかないですよ。
春日　その間、三船が表情を動かさないで、ずっとしかめっ面をしてるんですよね。
町山　わかったからもう言わないで……っていう感じなんですよ。女の人に怒られたときの男の顔ですよね。
春日　ごめんなさい……っていう顔ですね。反省してますよね。
町山　もうわかったから、わかったからもう言わないで……って。
春日　黒澤映画と全然違う顔ですよね。本当につらそうな顔をずっとしてて。このポジシヨンでこの状況だったら切腹しかないよねっていう。
町山　三船をさんざん責め立てた高橋悦史はさすがに「私も死にます」と言うんですけど、三船は「君には、この後日本を立て直すという仕事が待ってるんだ、それは死ぬよりもつらいことなんだから死ぬな」と。で、彼の目の前で一人で腹を切るんですが、そのシーンがすごい。子どもの頃、テレビで見てトラウマになった。
春日　DVDのパッケージがよく切腹のシーンになってますけど、そのくらいこの映画のインパクトはここに至りますよ。
町山　ものすごい詳細まで撮ってるんですよね。腹をガーと横一文字に切ると、高橋が「介錯《かいしゃく》を」と言うんだけど、三船は「いらぬ」と言って自分で介錯する。左手の指で頸動脈を探って自分で切断する。で、ブシューッと血が飛び散って。
春日　これは三船しかできないです。これと、『あゝ決戦航空隊』（'74 山下耕作監督）で大西瀧治郎をやった鶴田浩二[*31]と、二大切腹映画です。軍人が切腹した映画のトップツーだと思います。

クーデター失敗後の若き兵士たちは……

町山　結局クーデターは失敗し、玉音盤奪取も失敗。それでも黒沢年雄はあきらめず、

ＮＨＫに乗り込んで玉音放送を阻止しようとする。で、ＮＨＫのアナウンサーが加山雄三。[*32]
春日　ここでの加山雄三の出方にオールスター映画だなって感じがするんですよ。急に空気が変わりますよね。
町山　そこだけ戦後みたいな。
春日　クールですからね、加山雄三って。飄々としたお坊ちゃま感がある。黒沢年雄に銃を突きつけられても動じない。
町山　結局、玉音放送が流れてしまう。その後、黒沢年雄は中丸忠雄と二人でサイドカーに乗って、誰もいない皇居前で戦争継続のビラを配る。あれは本当にあったことらしいですが、悲しいですね。で、自決する。佐藤允もいつの間にか自決してる。ギョロ目を剝いたまま。

＊31　東映の任俠スター。『雲ながるる果てに』('53)『人生劇場　飛車角』('63)など。
＊32　『若大将』シリーズ('61～'81)で青春スターとして人気に。シンガーソングライターとしても活躍。

ドイツの〝戦争映画〟との共通項

町山　当時NHKで放送された『橋』（'59ベルンハルト・ヴィッキ監督）というドイツ映画に通じるものを感じました。西ドイツが戦後初めてつくった戦争映画なんですけれども、連合軍がドイツ国内に入ってきて、中学生ぐらいの少年たちも武器を取らされる。故郷の町に続く橋を守らされる。米軍の戦車と戦って、犠牲者を出しますが、守り抜く。ところが正規軍の兵士がやってきて、「撤退しろ。その橋は爆破する」と言われる。命がけで守ったのに！　怒った少年たちは、その兵士に銃を向けるんです。
春日　近年だと『ヒトラー～最期の12日間～』（'04オリヴァー・ヒルシュビーゲル監督）。あれがこれに相当オマージュを捧げてるかなと思ったのが、同じシーンがあるんですよね。井田中佐が初登場のときって、陸軍省の庭で書類を焼いてる。まったく同じシーンが『ヒトラー』であるんですよ。ほぼ同じような役柄の人物がそれをやってます。しかも撮り方も状況も似ている。オマージュを捧げてる映画なのかなって思いました。
町山　似たような状況だったんですね、日本も西ドイツも。
春日　どちらも、どう降伏を受け入れていくかという話ですからね。
町山　「総員玉砕せよ」というプロパガンダで国民を洗脳してきたから、政府が戦争をやめようとしても、洗脳が解けない人々がなかなか止まらない。

春日　そのプロパガンダをやってきた側が国民にどう責任を取っていくかという話。

〆はこの人の一言で決まり?!

町山　あと志村喬さんがひじょうにいい台詞を言います。「これは大日本帝国のお葬式なんだ」と。『ゴジラ』('54 本多猪四郎監督)でも、彼は「おくりびと」でしたね。
春日　あ、本当ですね。
町山　ゴジラの最期を見送りながら「私にはあれが最後のゴジラとは思えない」と言う。墓碑銘。
春日　「勝ったのは我われではない」とか、〆の台詞を。
町山　そうそう。『七人の侍』も。さて、『日本のいちばん長い日』の『シン・ゴジラ』への影響ですが、前半と後半で真っ二つに分かれた構成もそうかもしれない。
春日　会議編とアクション編で真っ二つ。
町山　あと、横浜守備隊の阿知波信介さんがいつもポケットに入れている岩波文庫。倉田百三の『出家とその弟子』という親鸞についての物語でね、当時ベストセラーだったそうです。人間の愛欲と信仰の葛藤を通して人々を救っていく話で、人は「一生に一度は恋をするものだ」という言葉が出てくるんですが、戦時下の若者はその恋すらできないまま死んでいったんですね。その悲しさを文庫本でちらっと見せる。これは橋本忍さんのアイデアなのかな。
春日　いや、たぶん岡本喜八だと思います。橋本さんは小道具はそこまで細かくは指定しないので。
町山　たぶんこれが『シン・ゴジラ』における『春と修羅』の使い方なんです。『シン・ゴジラ』で岡本喜八演じる科学者がクルーザーに宮沢賢治の『春と修羅』を残して消えるという発端部のね。

リメイク版との違い

町山　原田眞人監督のリメイク版（'15）はまだ見てないんですよ。どうでした？
春日　もちろん史実が元になっていますから構成は同じなんですけど、ここに最近の日本映画の悪癖が出てくる部分があります。阿南陸軍大臣の奥さんが出てきて、子どもを思う気持ちが描かれたりとか。
町山　岡本版にない女性描写があるわけですね。
春日　鈴木貫太郎の家庭での食事シーンが描かれて、一家でいいお祖父ちゃんだったりとか。もう一つは昭和天皇が出てきます。それで昭和天皇と阿南の関係が強く描かれてる。

オリジナルがいちばん面白いのは、三船の阿南が何を考えてるかがわからない点。最初は狂信的な軍人で、山村聰が良い役に見えてたのが、だんだん葛藤して大変なんだというのがわかってくるから、最後の切腹が悲しいわけですよ。
リメイク版のほうは最初の段階で昭和天皇から、「戦争を終わらせるためにお前に大臣になってもらう」ということを言われているので、本心があらかじめわかっちゃってるんですよね。そこがあるから、役所広司もそこをわかりやすく演技で両面性を出してて、三船阿南のミステリアスな感じがないからそこで乗れませんでした。オリジナルは最後の切腹のところが盛り上がってくるんだけど、リメイク版は最初から本心がわかってるからそこで劇的に盛り上がらないんですよね。だんだんと本心が見えてくる面白味がないので。あと阿南の子どもが死ぬとか奥さんが大変な目に遭うとか、鈴木貫太郎の家庭のシーンとかあるけど、それはいいからとにかく軍人を見せて！と。でも、一方でクーデター側はすごくよくて。
町山　畑中は誰ですか？
春日　松坂桃李《まつざかとおり》がやったんですよ。黒沢年雄と全然見た目が違いますけど。
町山　実際の畑中は優男なんですけどね。
春日　この松坂桃李は本当に素晴らしい。オリジナルとリメイクでいろんな役者対決で比べたけど、唯一勝ってると言っても過言ではない。ベストワークと言われる黒沢年雄よりもさらに松坂桃李のほうがすごかったんじゃないかというくらい、松坂桃李の畑中はすごかったですね。あの映画は松坂桃李と昭和天皇の本木雅弘で保《も》った映画だと思いますね。わからず屋の突っ走っていく感じを松坂桃李は見事にやってました。あと、井田をやった人（大場泰正）もよかったですよ。若手決起軍のメンバーは皆よかったです。あともう一つは、移動のシーンを多く描いてたんですよ。宮城内とかを自転車で移動する場面が印象的でした。岡本喜八はテンポよくいきたい人だからそういう場面ははしょって一気に場面転換させてますが、リメイク版は何度も移動場面を撮ってました。
町山　そう、自転車なんです。
春日　あそこで一旦息抜きもできるんですよね。
町山　オリジナル版は自転車に乗るところと降りるところしかない。そうそう、当時の東京は大空襲の後で一面焼け野原のはずなんですが、その描写はないんですね。
春日　それで距離感とか、彼らはこんな大変な思いをしているということを描こうとしたんだと思います。
町山　近衛師団のあった今の英国大使館がある辺りと、市ヶ谷にある陸軍省の辺りを、自転車で何度も移動する。僕がそのへんで育ったのでわかりやすいです。

春日　そのシーン、描かれてました。松坂桃李が自転車を漕いでる。そこもかっこよかったし、必死さが伝わりました。
町山　阿南陸相の切腹は見せたの？
春日　切腹しましたよ、ちゃんと。役所広司は切腹に慣れてますから。その前の『最後の忠臣蔵』（'10 杉田成道監督）でもけっこう長い切腹シーンがありましたし。仲代さん門下ですから、ちゃんと切腹できる役者。ただ、そこに至るドラマの盛り上がりがオリジナル版より弱かったので、そこが残念で。
町山　あと、岡本喜八監督自身も『日本のいちばん長い日』の構成を使ってもう一本撮ってますね。『ブルークリスマス』（'78）。
春日　ああそうか。
町山　倉本聰[*33]脚本で、UFOを見てしまった人の血が青くなってしまう。彼らを人々が恐れ、ナチがユダヤ人にしたように、日本政府は血の青い人たちを差別し隔離し皆殺しにしようとするというポリティカル・フィクションですけど、すごく『日本のいちばん長い日』に似た構成ですね。会議シーンなどを使って、日本がものすごいスピードでファシズ

＊33　脚本家。テレビドラマ『前略おふくろ様』（'75〜'77）『北の国から』（'81〜'02）など。

ム国家に転げ落ちていく。青い血の人たちを絶滅しようとする右翼の大物が天本英世で。『日本のいちばん長い日』は最後に我々はこういう過ちを二度と起こしてはいけない、というメッセージが流れ、地球が映って平和の鐘の音が鳴り終わりますが、その過ちを繰り返すのが『ブルークリスマス』でしたね。

第四章

『激動の昭和史　沖縄決戦』

——岡本喜八が憎んだ戦争、愛したアクション

★東宝「八・一五シリーズ」の一作。指令部の迷走により、約二五万人の死者を出した沖縄戦の悲劇を克明に描く。

公一九七一年七月一七日 製東宝 配東宝 時一四八分
監岡本喜八 脚新藤兼人 製藤本真澄、針生宏 撮村井博 美村木与四郎 音佐藤勝 録渡会伸 照佐藤幸次郎 編黒岩義民／［特技］中野昭慶 撮富岡素敬 照原文良 美小村完 操小川昭二 合三瓶一信 効渡辺忠昭 出小林桂樹（牛島中将）／丹波哲郎（長参謀長）／仲代達矢（八原高級参謀）／田中邦衛（比嘉三平）／池部良（太田少将）／神山繁（島田知事）／岸田森（目軍医大尉）

沖縄戦の悲劇

町山　岡本喜八監督『激動の昭和史 沖縄決戦』（'71）。これもう全人類必見の映画ですね。一九四五年三月から六月にかけて行われた沖縄戦を描く大作です。太平洋戦争の末期、アメリカ軍は太平洋の戦いを勝ち進んで、ついに日本に迫ります。そして本土爆撃のための航空基地として沖縄を占領しようとする。日本軍はもう勝てないから降伏したいけど、できるだけ有利な状態でアメリカと講和条約を結びたいから、沖縄にはできるだけ粘ってアメリカを食い止めてほしい。つまり日本のために沖縄に、囲碁でいう「捨て石」になれと。ひどい話で。もちろん沖縄住民にはそれを言ってないんですが、玉砕覚悟なのは、沖縄守備隊の陸軍第三二軍の司令官だった牛島（満《みつる》）中将も長《ちょう》（勇《いさむ》）参謀長も知っていた。
春日　岡本喜八監督の戦争映画って『独立愚連隊』（'59）から始まってずっと、前線に置き去りになってしまった兵たちを描いてきてるんですよね。上層部のいいかげんな命令とか保身のために前線に置き去りになってしまった兵たちの「こんちくしょう！」という話。『独立愚連隊』であったり『血と砂』（'65、第七章参照）であったりで描かれているんですが、それまでは置き去りにされるのは小さな部隊だったのが、今回は究極ともいえる一〇万の部隊が置き去りになってしまったという話で。しかもそれは史実であるという。だから喜八節をやるには最適といえます。

町山　岡本監督は戦争中に自分の同期の人たちが特攻隊に送られてかなり亡くなっています。その彼が特攻そのものともいえる沖縄戦を描くんですから。ただ岡本監督は激しく戦争を憎みながらも、戦争アクションは大好きなんですよ。
春日　映画表現としてミリタリーアクションが大好きな人。宮崎駿[*1]監督も近い。
町山　近い。サム・ペキンパー[*2]や深作欣二[*3]監督もそうですが、戦争を憎みながら戦闘を愛する男たち。
春日　映画表現としての戦争は好きだという。
町山　政治としての戦争は大嫌いだが、男の闘いは大好き。末端の兵士たちの活躍は最高にかっこよく、卑怯な上官や政治家たちは容赦なく無責任な奴らとして描く。
春日　しかもどんどん沖縄が見捨てられていく。最初は完璧な状態でアメリカ軍を迎え撃つぞと思っていたら、「台湾の部隊が手薄だから、最精鋭の部隊へ兵士を送れ」って。第九師団でしたっけ。いちばんの最精鋭を大隊丸ごとまず取られてしまう。
町山　だから、長参謀が「全県民が兵隊になることだ」という「軍民一体」というスローガンを掲げ、一般市民も防衛召集されて戦闘に協力させる。全ての成人男子はもちろん、中学生くらいの少年にまで竹やり持たせて「護郷《ごきょう》隊」というゲリラとして敵に突っ込ませ、少女たちは有名な「ひめゆり学徒隊」で最前線の野戦病院に動員された。

春日　それから水際でアメリカを防ぐための作戦を立てて塹壕《ざんごう》をつくってたら、塹壕じゃなくて航空戦をやるから飛行場をつくれと言われて飛行場をつくる。飛行場をつくったのはいいけど、今度はその飛行場に出す飛行機を本土から送ってくれないとか。どんどん本土の命令が変わっていって、最終的に沖縄は見捨てると言われる。
町山　水際じゃなくて、上陸させてどんどん内部に引き込んで「寝技作戦」といって持久戦に引きずり込もうとするんですが、それで戦闘に参加せずに隠れている女や子ども、老人たちまで戦渦に巻き込んでいく。その結果、戦死者は劇中で「民間人一五万人、軍人一〇万」と言っているように、一般市民の犠牲者のほうが多くなり、県民の四分の一が亡くなるという世界戦争史上でも最悪の悲劇になります。

八・一五シリーズ

春日　これは東宝の「八・一五シリーズ」です。『日本のいちばん長い日』（'67）から始ま

＊1　日本を代表するアニメーション作家。『風の谷のナウシカ』（'84）『風立ちぬ』（'13）など。
＊2　『わらの犬』（'71）『戦争のはらわた』（'77）などを監督した、バイオレンス映画の巨匠。
＊3　『仁義なき戦い』（'73）『蒲田行進曲』（'82）など数多くのヒット作を監督。

る八・一五シリーズ。東宝は終戦の日に合わせて戦争映画をオールスター超大作でつくっていました。『日本のいちばん長い日』が大ヒットしまして、そこからシリーズ化したんです。その後、『連合艦隊司令長官 山本五十六』（'68 丸山誠治監督）、それから『日本海大海戦』（'69 丸山誠治監督）という映画がつくられて、これはどちらも、それまで東宝のゴジラ映画や戦争アクションをつくってきた田中友幸[*4]がプロデューサーをやっています。彼は娯楽映画として戦争映画をつくるタイプの人なんですけど、その上で統括をしている藤本真澄《さねずみ》としては不満がありました。藤本はジャーナリスティックに映画をつくりたい人なので、やはり『日本のいちばん長い日』みたいなタッチをやりたいなというのがあったんですよね。

それで一九七〇年に田中友幸からシリーズのプロデューサーを取り上げる形で自ら陣頭指揮をとって、『激動の昭和史 軍閥』（'70 堀川弘通《ひろみち》監督）という映画をつくるんです。小林桂樹《けいじゅ》扮する東条英機と加山雄三扮するジャーナリストとの戦いみたいな話になって、これが大ヒットして、翌一九七一年に次も同じく藤本でやろうということになったんですけど、本当は東京裁判をやる予定だったんです。東京裁判に至るまでの、要するに『日本のいちばん長い日』に近い感じで、今度は終戦後の話、そこから東京裁判に至るまでの流れを追いかけていくように企画をしていたんですが、一九七〇年に沖縄返還が決まるわけです。

それで、そのときの東宝は映画に全く人が入らない状況で、とにかく当たるテーマはないかなということで急遽、沖縄戦に変えよう、このほうがお客が入るだろうということで出来たのがこの企画だったわけです。
町山　当時、『沖縄決戦』の巨大な看板が日劇にかかっていたのを覚えています。
春日　東宝としては組合と揉めている時期でした。そもそも戦後すぐに東宝争議という、それこそアメリカ軍が鎮圧に戦車を出してくるくらいの組合闘争があったりする中で結局組合が強くなっていくんです。それで人件費とかが他の撮影所に比べて倍近く高かった。その一方で経営側としては自分の所でつくった映画に人が入らないという状況があるので、撮影所、制作部を切り捨てていこうという流れになっていきます。
町山　他の会社と違って、当時の東宝の社員はいい家に住んでるんですよ。成城に。
春日　それくらい東宝は組合が強くて給料がよかったので、人件費を削減していく中で、最終的に一九七一年に撮影所を独立した東宝映画として切り離すということになっていくんです。で、そうはさせまじ、東宝の映画で当てるぞという現場サイドの最終決戦がこの

＊4　東宝の看板プロデューサー。『ゴジラ』（'54）など特撮映画、黒澤作品などを手掛ける。第五章も参照。

『沖縄決戦』でした。この映画を当てるために藤本真澄は万全を期すわけですけど、結局映画は当たらなかったんですよね。それで東宝は東宝映画という形で撮影所の制作部門だけ別の会社にして、藤本がそこの社長になる。なので東宝が会社として単体でつくった最後の超大作映画です。
町山　東宝映画をつくるとなぜ会社が縮小できるかというと、全世界の映画会社がそうなんですけど、昔は照明、カメラマン、編集、映画に関わる人全員が映画会社の社員だったんです。そんなの映画の黄金期しか食わせていけないですよね。で、照明は照明会社、撮影は撮影会社というふうに、全部子会社に分けていくことによって縮小したんです。
春日　分社化して撮影所を独立させる。制作だけするのが「東宝映画」という新会社になっていきます。それで、現場に金が回らなくなる。この翌年、『海軍特別年少兵』（'72今井正監督）という映画があるのですが、八・一五シリーズとして東宝はつくるつもりだったんですけど、かなりの低予算映画で、大人の俳優は地井武男と佐々木勝彦[*5]しか出ていなくて、あとは無名の少年たちしか出ていないという超低予算映画になっています。

殺戮シーンが一時間以上続く

町山　『日本のいちばん長い日』は、特定の主人公がいない。あらゆる人たちが出てきて、その人たちが同じくらいの率で演技をする。そういう映画のポスターは俳優さんたちの顔が均等の大きさで横に並んでいく。
春日　当時のオールスター映画特有の売り方ですね。
町山　俯瞰から見た映画が東宝は上手い。東映がやると『忠臣蔵』になっちゃうんですけど。
春日　情念とかの話になる。特攻隊とかになりますからね、東映の戦争映画は。
町山　東宝はジャーナリスティック。
春日　特に藤本プロデューサーがバリバリのインテリ的な映画づくりの人だったのも大きかったと思います。
町山　ただ『沖縄決戦』は強烈すぎる。
春日　いびつな映画ですよね。
町山　途中に休憩が入った後はほとんど人が死ぬシーン。『プライベート・ライアン』（'98 スティーヴン・スピルバーグ監督）のオマハ・ビーチ上陸戦が一時間以上続いていく感じです。

＊5　『ゴジラ対メガロ』（'73）『メカゴジラの逆襲』（'75）に主演。父は千秋実。

春日　劇中で休憩に入る前のシーンで仲代達矢さんが双眼鏡で最後の総攻撃を眺めているのですが、「あの煙の下で何が起きているんだ。わからん」と言って、休憩に入る。休憩明けにまた仲代さんが双眼鏡を見てるところから始まるんですけど、そこからひたすら日本兵と現地の島民たちが死んでいく。そんな場面が約一時間以上にわたって続くという。尋常じゃない大虐殺が行われる。
町山　死んでいく人を名前や顔が特定できる俳優さんが演じて、一人一人の死のディテールが細かく描かれる。『沖縄決戦』は生き残った人や遺族の人たちからの聞き書きを集めて、彼らが目撃したさまざまな死に方を再現しているんです。

新藤兼人と長坂秀佳

春日　なぜそういうつくりになっていったかというと、そもそも変わったというか異常な脚本づくりだったんですよ。
町山　新藤兼人[*6]ですね。
春日　元々の企画がギリギリになって決まったもんで、脚本を早く書かなければならないと。新藤兼人は監督としては作家的にも取り上げられていましたけど、当時のメジャー映画とかテレビの中で脚本家として重宝されています。なぜなら、早書きの人だったんです。

町山　生涯に二〇〇本もの脚本を書いた人ですから。
春日　二時間ドラマでもとにかく短期間でそれなりのテーマの企画をやるときは頼まれていたんですよね。だから今回も早書きを理由に頼まれていたんですが、できあがったのを岡本喜八監督と、針生宏プロデューサー[*7]が読んだら「早すぎるだけにこれは中身がねえぞ、どうする？」と。
町山　早いって、テンポが？
春日　いや、書くのが早すぎる。つまり典型的な「早書きの脚本」になってて、テーマとか中身がないものになっているというのが彼らの意見で。沖縄決戦がテーマな上に東宝の現場としても勝負をかける映画ですから、これじゃさすがにまずいだろうというので岡本喜八監督が全面的に書き直すことになったんです。そして、ここに喜八節が入ってくるんです。前線の兵士たちから見た「この野郎！」という視点。
町山　無責任な日本軍の上層部に対する怒り。

＊6　独立プロの先駆者的存在。『裸の島』（'60）『午後の遺言状』（'95）などの監督作品の他に、膨大な量の脚本を執筆。
＊7　『激動の昭和史 軍閥』（'70）『青春の門』（'75）などをプロデュース。

春日　そういう要素が入ってくる一方で、『独立愚連隊』みたいに下士官がかっこよく描かれる。
町山　喜八節。
春日　でもプロデューサー側としては、沖縄島民たちが被害者になっていく、日本軍は加害者である、沖縄島民は踏み台になってしまったんだという描き方をしたいので、下士官とはいえ軍人がかっこよすぎるのは困るということになって。そこを書き直さなければならないということで第三の男が入ってくるんですね。これがクレジットされてないんですけど、長坂秀佳《しゅうけい》＊8という、当時東宝の社員だった人。のちのテレビドラマ『特捜最前線』（'77〜'87）のメインライターです。
町山　『人造人間キカイダー』（'72〜'73）も。ハカイダーのキャラクターを育てた人です。
春日　彼はその前の『軍閥』でも急遽入っています。黒沢年雄の特攻隊員が最後に加山雄三の演じる主人公のジャーナリストに食ってかかる場面があります。主人公が正義だと思って見ていたら、「日本が勝てばいいと思った奴らはみんな死刑だ！」と黒沢年雄の特攻隊員が言うんです。その場面を長坂が書いた。
町山　長坂節と言われました。『キカイダー』の最終回とか泣かせるんです。
春日　そういう場面を入れることによって岡本喜八の色を弱めようとしたら、長坂が沖縄戦と聞いて乗っちゃったんです。何をやり出したかといったら、ひたすら残虐描写をガンガン書いていった。後半は一時間にわたっていろんな人が死んでいくわけです。たとえば茫然《ぼうぜん》とした母親が通り過ぎていったら「あの母親、子どもの足持ってるぞ」なんてシーンがありますけど、まさにそういう描写とか。血の海でおばあちゃんが「あの塹壕の中におじいさんがいるんです」って仲代さんにもたれかかってくるとか、ああいうシーンばっかり入れちゃったもので。
町山　素晴らしいですね。
春日　これはさすがに藤本が焦るわけです。お盆の東宝映画でやるには……。
町山　東宝の会社イメージは「明るく楽しい東宝映画」なのに。
春日　それ、浅草東宝に行くと貼ってありましたよ。二一世紀になっても、エスカレーターをゴーと上がっていくと「明るく楽しい東宝映画」って。
町山　まだ残ってたんだ。
春日　もともと宝塚から始まってるので、基本的に「清く正しく美しく」なんですよ。そこでそれをやっちゃったもんで、さあどうする?ということで、脚本をどんどんカットし

＊8　他テレビドラマ『刑事くん』（'71～'76）『快傑ズバット』（'77）など。

ていくわけですね。それで何とか一つの脚本ができるんですが、それぞれの残骸が残っているわけです。それでいびつな脚本スタイルでできた。いろんな人間が手を加えて、いろんな要素がごちゃまぜになった、すごく変わった映画になった。
町山　ハリウッド映画ではよくあることですね。一〇人以上をたらい回しにして、それぞれの断片が残ってね。

悲惨な描写の中にもぶち込まれる喜八節

町山　岡本喜八特有のコメディ要素も入ってます。残虐シーンにコメディ要素をぶち込んできます。
春日　驚きますよね。
町山　え、ここで笑えないよ！っていう。
春日　洞窟の看護婦のシーンとかすごく面白いですね。
町山　野戦病院ですね。
春日　「おしっこ漏れそう！　おしっこ漏れそう！」って看護婦の人が言ってて、岸田森[*9]扮する軍医が「だったら外でやってこいよ」。
町山　渡辺直美さんみたいな女優さんがね。

春日　ぽっちゃりした女優さんなんですけど、外に行ったらすごい爆撃を受けて、走って戻ってくるとその女性が岸田森の腕の中で倒れるんです。それで「天皇陛下万歳」と言って死んでいく――と思ったら、「おい、かすり傷だぞ」「えっ?!」と目が覚める。普通だったら泣かせるシーンなんですけどオチがある。
町山　そういうコントをしてる横にバラバラ死体がある。笑っていいのかよくわからない。岡本喜八タッチですね。
春日　「天皇陛下万歳」って死ぬのは東映の特攻隊映画の描き方ですが、岡本喜八はウエットに死を描かない。この映画はとにかく人がドライに死んでいきます。
町山　即物的に死んでいく。岡本喜八タッチ。
春日　のちに東宝が『連合艦隊』（'81 松林宗恵《しゅうえ》、中野昭慶監督）で八・一五シリーズを復活させたときに、この逆をやれと松岡功社長は言っています。とにかく泣かせるシーンを入れろ、と。悲惨なシーンばかりにするなということで『連合艦隊』をつくった。
町山　『日本のいちばん長い日』と同じで岡本演出はスピードが速くて泣く暇もない。誰

＊9　実相寺昭雄や岡本喜八作品に重用され、勝プロ作品の常連でもあった。テレビドラマ『怪奇大作戦』（'68〜'69）『傷だらけの天使』（'74〜'75）など。

かが死ぬとパッと次のカットに行っちゃう。他の監督なら死ぬシーンで観客の心に沁《し》みる「間」を入れるのに、岡本監督は、それを一切やらない。
春日　針生プロデューサーが岡本喜八に何を求めていたかというと、沖縄決戦というのは最後、硫黄島《いおうじま》と同じで洞窟を使ってのゲリラ戦になっていくわけですけど、そこを岡本タッチのスピーディーな演出でやっていったら相当面白い映画になるだろうという計算があったらしいです。

「船七、海三」

春日　『沖縄決戦』が面白いのは、最初の三〇分をかけていかに沖縄が見捨てられていったかという過程を克明に描いている点です。それを徹底してリアルに描いていくものですから、残りの一二〇分が本当に悲惨に伝わってきます。もう逃げ場がない、この島には、と。
町山　作戦もひどいし、状況もひどい。で、ついにアメリカ軍が迫ってくる。双眼鏡で見ると敵艦隊が海を埋め尽くしていて、敵艦ばかりで海が見えないほど。
春日　高橋悦史《えつし》が「船が七分《ぶ》、海が三分だ。わかったな」と。
町山　はい、テレビアニメ『トップをねらえ!』（'88）で庵野秀明監督がオマージュを捧げた台詞《せりふ》ですね。
春日　本当はその感じを特撮でプールでやりたかったらしいんですけど、この映画はとにかく予算がないので、その「船七、海三」という台詞で全て乗り切ったわけですよね。そこがこの映画の悲しいところで、とにかく予算がない映画なんです。それを岡本喜八は台詞とカット割りでうまく乗り切ろうとした。
町山　『トップをねらえ！』では「敵艦で宇宙が見えません！」。宇宙見えないって（笑）。僕ら怪獣映画オタクが『沖縄決戦』を見たのは、特技監督の中野昭慶[*10]目当てだったりしますが。
春日　なるほど。特撮技術ですね。
町山　〝爆発の中野〟の爆発ですよ。後半はずっと爆音が止まるときがほとんどないですから。
春日　いかにアメリカ軍の爆撃が凄まじかったかが伝わりますよね。
町山　アメリカ軍は「鉄の暴風雨」と言われるほどの砲弾を艦砲射撃と航空爆弾によって

＊10　〝爆発の中野〟と異名を取る特技監督。『連合艦隊』（'81）『ゴジラ』（'84）『竹取物語』（'87）など。著書に『特技監督 中野昭慶』。第五章も参照。

ぶち込んでますから。地形が変わるほどでした。だからアンビエントサウンドのように砲声や銃声や爆音がずっと聞こえている。
春日　マシンガンがギューンギューンとずっと聞こえてますからね。日常シーンがない。
町山　戦闘シーンしかないですからね、後半ね。
春日　恐ろしい映画です。

首里の馬鹿トリオ

春日　参謀本部は首里の地下につくられます。
町山　司令官の牛島中将は小林桂樹。これで不安になります。人としてはいい人なんですよ。軍人なのに常に敬語でね、部下に対しても「皆さん、よろしくお願いします」って。
春日　『社長』シリーズみたいな感じになっちゃう。
町山　小林桂樹の当たり役は『社長』シリーズでいつも森繁（久彌《ひさや》）演じるスケベ社長のわがままに振り回されている真面目な専務なんですが、そのキャラで牛島中将なんですよ。
春日　大本営からの命令で困らされてる人。
町山　大本営からどんどん無茶な命令がきて困りっぱなしで、で、何も決定できない優柔不断な人。素晴らしいキャスティング。

春日　たえず判断を間違え続けてるんですよね、この人が。
町山　見てると不安でイライラするけど、これがつくり手の狙いなので怒らないでね。
春日　小林桂樹って、それを演じるのが上手い人ですからね。
町山　で、その副官の長参謀長が丹波哲郎。ひじょうに豪放磊落《らいらく》ですがいいかげん。
春日　極端なことしか言わない。
町山　日本軍が徹底的に抗戦したから、あまりの戦闘の苛烈さにアメリカ兵も精神に異常をきたした者が続出と知った丹波の実にうれしそうな反応。
春日　できるだけ粘って敵を消耗させせろという作戦をちゃんと果たしていたんですね。ところが計算がどんどん狂ってくる。大本営が「なぜ三二軍は突っ込まないんだ」と言ってくる。
町山　この間、海軍はずっと神風特攻し続けていたからなんですね。海軍がこんなに特攻してるんだから、沖縄にいる陸軍もしろよと言われるんです。
春日　むちゃくちゃなんですよね。
町山　最初の命令は持久戦だったのに。海軍との関係でそんなことになる。ひじょうに日本的な話ですね。
春日　で、丹波——長参謀長は陸軍のメンツだけで総攻撃をかけようとする。

町山　すると、仲代達矢さん扮する八原《やはら》（博通《ひろみち》）高級参謀が反論する。「そんなことしても勝ち目ないですよ」。
春日「兵士の数が違いすぎますよ」。台詞の中では五倍と言ってます。
町山　アメリカ軍五四万八〇〇〇人に対して三二軍は一一万六〇〇〇。武器の差はもっとですからね。真正面から総攻撃をかけたって勝てるわけないですよと。仲代達矢さん扮する八原はアメリカで教育を受けて、アメリカ軍の力も知ってるので冷静に言うんだけど、丹波は聞いちゃくれない。
春日『二百三高地』（'80　舛田利雄監督）と逆の構図なんですよね。
町山　まさに。『二百三高地』では、優柔不断な乃木将軍が仲代達矢で、無策な突撃でどんどん兵士が死んでいくところに、丹波演じる戦争上手の児玉源太郎が来て、パッパッパッパッと的確に指揮して、あっという間に二百三高地を落としてしまう。

総攻撃失敗、指揮系統崩壊

町山　で、総攻撃なんですが。
春日　総攻撃するぞとワーと行ったら、次のカットで「この総攻撃によって第三二軍のだいたいの兵士は失われた」というナレーション。それで終わっちゃう。

町山　喜八流の大胆な省略。そのときの総攻撃で実際に訓練を受けた陸軍の兵士がほとんど死んでしまう。残ってるのは沖縄の島民だけですよ。ところがアメリカ側はそれを知らないですから、がんがん追撃して来て、首里の参謀本部に迫る。そこで降伏すればいいのに、参謀本部は首里から逃げ出して民間人が避難している南部に逃げ込んでしまう。
春日　北に逃げればいいのに、よりによって南に逃げちゃった。
町山　アメリカ軍側は、参謀本部が降伏するまで攻撃を緩められないものだから追っていく。民間人がたくさんいる所にアメリカ軍がなだれ込む。
春日　ここで島田（叡《あきら》）知事役のね、神山繁《こうやま》*11が、軍部のトップが南に逃げると決めたときに乗り込んでくるんですよ。「南には三〇万人の沖縄県民がいます」と。そしたら軍部が驚いて「何、南へ逃げてたのか。なぜ北じゃないんだ」って。知らなかったっていう。
町山　総攻撃の後、軍内での連絡経路が断たれて、指揮系統は失われている。みんなバラバラに分断されて、互いに何をやってるのかわからない状況で、ずっと戦闘が続く。まさに地獄です。

＊11　文学座出身、円の俳優。現代劇から時代劇まで幅広く活躍。テレビドラマ『ザ・ガードマン』（'65〜'71）など。

沖縄戦の地獄が描かれる

町山　野戦病院のシーンが凄まじい。岸田森が薬も麻酔も何もないなか、戦傷兵の手足をギコギコ切っていく。壊死《えし》を防ぐためだけに。もう、どうしようもないから患者たちは自分たちでどんどん自殺していく。
春日　「剃刀《かみそり》貸してくれ」って。
町山　最終的には野戦病院も撤退となって、残っていた動けない人たちは全員自決。
春日　青酸カリを溶いた水を一個一個、器に置いていくというね。
町山　あれも死ぬことないんですよね。戦病兵とか戦傷兵は国際協定で守られているので、アメリカは殺さないはずなんですが、その協定に日本は入っていなかったから俺たちはやられると思い込んだ。それに自分たちが捕虜を虐待したり殺したりしてたから、自分たちは敵に助けを求められないと思い込んでしまう。で、民間人に対しても、情報が洩れるから、降伏して捕虜になることを禁じていた。誰も降伏できないので死ぬしかない。
春日　しかも民間人をゲリラにしているから、アメリカ軍としても民間人を殺していく状態になっていく。
町山　日本兵が民間人をスパイ扱いして殺すシーンがありますね。
春日　白い包みを持って逃げて来たら兵士に「スパイだ」と疑われて、「違います、違います」と言ってるのに撃たれたらその箱の中には天皇の――。
町山　御真影が入ってた。あと、民間人の家族が捕虜になったらいけないと言われてるから、自決用の青酸カリを飲むんだけど、それが足りなくて、鎌で家族を切り殺して自分の喉も掻き切って……。

かっこいい軍人役者たち

春日　そんな地獄のなかで、兵士一人一人は勇敢でかっこいいのが岡本喜八イズムですね。たとえば高橋悦史の中尉。
町山　高橋悦史はいつもかっこいい。
春日　最後まで生き残って、最後はあの水筒はお酒か何か入ってたんですかね、「ほい」と部下に回していくというね。最後の五人まで残って戦う。
町山　兵士たちは、少しでもたくさんの敵を殺そうと頑張る。なかでもすごいのが義烈空挺隊。アメリカ軍の滑走路に日本兵が強行着陸して、手榴弾《しゅりゅうだん》をバラまいて敵の飛行機を徹底的に撃滅する捨て身の大作戦。
春日　草野大悟[*12]が隊長で、これまたかっこいいんですよね。見るからに叩き上げという雰囲気で。

町山　地井武男[*13]もいい。
春日　ほんのわずかな一瞬の出演なんですけどね。
町山　地井さんは陸軍の兵士なんですけど、沖縄の人たちが「もう自決しよう」と言うんですが、地井は「お前ら死んじゃダメだ！」と。
春日　「生きない奴は殺すぞ！」と軍刀を振り回して、民間人を生かす。
町山　素晴らしいですね、本当に。
春日　下士官の中に悪い兵士があまりいないのはポイントですね。
町山　上官にも一人だけいい人がいます。池部良[*14]さん扮する太田実少将。この人は勇敢に戦った果てに自決するんですが、その間際に電報を打ちます。「沖縄県民かく戦えり。県民に対し後世特別の御高配を賜《たまわ》らんことを」と。

勝手に自決する上層部

町山　でも、司令官の牛島と長は、民間人を巻き込んでおきながら、降伏して彼らを救わずに、無責任にも自決しちゃうんですよ。
春日　しかもそのときに、自決をちゃんとやりたいから、他の兵士たちは米軍が入ってこないように扉を防いでおけよって。それでどんどん兵士たちが死んでいくんですよね、この二人が死ぬために。無駄死にもいいところですよ。
町山　牛島が最後に各部隊に打電したのは「祖国のため最後まで敢闘せよ」。しかも長が「生きて俘虜《ふりよ》の辱《はずかし》めを受けることなく、悠久の大義に生くべし」と加えたという。指揮官が、自分は先に死ぬけど後は勝手に戦ってね、でも、生きるために敵に投降しちゃダメだよと。
春日　で、最後は「これにて解散」ですよね。
町山　遠足とかでアルプスのてっぺんに連れて行かれて「はい、解散」。どうすりゃいいのか。
春日　『八甲田山』（'77　森谷司郎監督）という映画の題材となった遭難事故でも隊長がやっぱり言ってるんです。皆で雪の中で遭難したときに「これにて我が部隊は解散して、それ

＊12　文学座出身。岡本喜八作品の常連。『座頭市と用心棒』（'70）『ゴジラ対メカゴジラ』（'74）など。著書に『俳優論』。
＊13　俳優座〝花の一五期生〟の一人。テレビドラマ『太陽にほえろ！』（'72～'87）『北の国から』（'81～'02）など。
＊14　戦後『青い山脈』（'49）などで二枚目スターとして人気に。その後『昭和残俠伝』シリーズ（'65～'72）など任俠もので好演。著書に『オレとボク』など。

ぞれに帰れ」っていうすごい命令を下すんですけど。どうも日本軍にはそれがあるんですかね。
町山　満洲とかでもそうですけど。
春日　追いつめられると解散という。でも、最後まで徹底抗戦しろという命令だけは残してますからね。
町山　こんな司令官たちだから、常識人の八原、仲代達矢がもうやってられないよってことで降ります。
春日　一人だけ民間人の服を着てアメリカ軍に投降しようとするんですけど、その途中で「お前、軍人だろ」と沖縄の島民たちから責められるんですね。
町山　「俺たちをこんなに巻き込んでおいて、お前は何なんだ」。
春日　「お前だけ逃げる気か」みたいなことを言われ最後は血まみれになりながらおばあさんが「あの塹壕の中に私の夫がいます」と助けを求めるんですけど、それも全部振りほどいてアメリカ軍に投降していく。
町山　この八原も無責任なんですよ。戦後、回想録を書いてますが、遺族の人たちから激しく非難されています。
春日　ある種、無責任ではありますからね。この超豪華キャストで無責任頭領をやるというね。テレビドラマ『踊る大捜査線』（'97）の署長たちみたいなことをこの三人でやってるから重々しい。
町山 太田少将は今も沖縄県民から尊敬されています。あと島田知事。

映画界の死神・浜村純、安心の神山繁

春日 浜村純[*15]がやった最初の泉（守紀）知事というのがなかなかの曲者《くせもの》でしたね。たぶん悲劇の元はこの男なんですよね。
町山 軍民一体を受け入れた知事。
春日 まず沖縄県民を全員疎開させよう、逃がそうという話をしてたら、「いや、帝国軍人に協力してこそ沖縄のあるべき姿じゃないですか」と。
町山 日本政府に点数稼ぎをしようとして。
春日 そう言っておきながら「私はちょっと東京に行きますから」と東京に行って、ナレーションで「この男は二度と沖縄の土地を踏むことはなかった」と。

＊15 『私は二歳』（'62）『ビルマの竪琴』（'56）など市川崑作品の他、『心中天網島』（'69）など多くの作品に脇役で出演。

町山　逃げちゃうんですよ、沖縄県民を日本政府に売り渡して。
春日　最低ですね。
町山　でも浜村純だからしょうがねえかって。
春日　浜村純が動くと悲劇が起きるというのが日本映画の鉄則でありますから。
町山　出てきた段階で、全然信用できない。
春日　映画界の死神ですから。
町山　でも、次の知事として神山繁が出てくると安心できる。この人は責任を取る男。
春日　今回もさすがでしたね。
町山　でもこの島田知事は戦闘の中で死んだと言われてますね。それから岸田森が素晴らしい。
春日　かっこいい軍医。
町山　どんな戦闘状況になっても常に冷静でニヒルでね、慌てない。いつもの岸田森です。
春日　その一方にいる田中邦衛の散髪屋。これがこの映画の一つのポイントで、民間人がみずから志願して巻き込まれていったという。民間人が巻き込まれて、それまで善人だった男が戦争の中でどういうふうに生きていくか。たえず民間人の目線でやっていくのを田中邦衛がやってますね。

ドライに描き出される〝死〟〝死〟〝死〟……

町山　そうやって一人一人の生き方……死に方を緻密に描いていく。
春日　見事に描かれている。それがしかもウエットに描かれてないところが素晴らしいというか。スパッとね。岡本喜八の見事さですね。
町山　スピード感が異常にある。
春日　すごいスピードで残虐な描写が進んでいくのがね。見てると逃げ場がないです。
町山　爆弾を箱で持って敵の戦車に突っ込んでいくところも、「これは爆弾だ」とか何とか言わないで、あっさり持っていくんですよ。悲壮に演出しない。
春日　泣かせるための場面って本当にないですよね。
町山　ないんですよ。でも、この『沖縄決戦』を見た後でアメリカ軍の基地を沖縄に押し付けておいていいと思う人は、相当どうかしてると僕は思います。ここまでひどいことをされたんだから。
春日　日本軍にすごくひどい目に遭ったのもありますし、アメリカ軍に攻められて殺されてるというのもありますので、日米両方にいろんな感情をもってるんだろうなと。
町山　日本人にもアメリカ人にも殺されたのに、日本のためにアメリカの基地を置かされてる。踏んだり蹴ったりですよ。

春日　それが続いてるんですからね。
町山　しかも、じゃあ日本軍の司令官たちが冷血で凶悪なのかというとそうでもなくて、理性的な決断力のなさ、しがらみへの弱さ、メンツとかからなし崩しに最悪の状況になるという。
春日　物語での描かれ方もそうでしたよね。それぞれにそれぞれの事情があって、結果的にむちゃくちゃな状況になっていく。
町山　日本の戦争映画とアメリカの戦争映画の決定的に違うところはそこなんですよね。
春日　かっこよくない。スカッとしない。
町山　で、『沖縄決戦』を見ると、とにかく小林桂樹と丹波哲郎が許せなくなるんですが、この二人はその後、償いをするんですよね。それが次の章。

第五章

『日本沈没』（一九七三）
——黒澤組&円谷組、世紀の競演

★一〇カ月後に日本列島が沈没する。日本政府は国民の移住を急ぐが、富士山をはじめ相次ぐ噴火により日本列島は瞬く間に分断され、そして最後の日を迎える。大ヒットした特撮巨編。

公一九七三年一二月二九日 製東宝映像＝東宝映画 配東宝 時一四〇分
監森谷司郎 脚橋本忍 原小松左京 製田中友幸、田中収 撮村井博、木村大作 美村木与四郎 音佐藤勝 録伴利也 照佐藤幸次郎 編池田美千子／［特技］ 監中野昭慶 撮富岡素敬 美井上泰幸 照森本正邦 合（合成）三瓶一信 光（光学撮影）宮西武史 操（操演）松本光司 出藤岡弘（小野寺俊夫）／いしだあゆみ（阿部玲子）／小林桂樹（田所博士）／二谷英明（中田）／丹波哲郎（山本総理）／島田正吾（渡老人）

大ベストセラー『日本沈没』

町山　『日本沈没』（'73）は僕が小学校五年の頃に、小松左京の原作が大変なベストセラーになって、すぐに映画化が発表されて、その年末に正月映画として公開されたんですよ。すごいスピードでした。
春日　そこから話していきますと、小松左京原作ですけど、小松左京が書いてる途中からすでに田中友幸プロデューサー（第四章も参照）の耳に入ってるんですよ。誰から入ったかというと、『マタンゴ』（'63 本多猪四郎《いしろう》監督）で田中プロデューサーと一緒に組んだSF作家星新一が小松左京と仲良いので、「小松左京がすごい小説を書いてる。東宝で映画化したほうがいいから」と星新一が持ってきて、それを田中友幸が押さえておくように小松左京に頼んだわけです。だから書いてる途中で田中友幸が押さえていました。田中友幸は東宝で『ゴジラ』シリーズをはじめとする特撮映画をやってきた大プロデューサーです。
町山　東宝のプロデューサーは田中さんが多いですね。『さよならジュピター』（'84 橋本幸治、小松左京監督）の田中文雄[*1]さんとか。

＊1　『血を吸う薔薇』（'74）『惑星大戦争』（'77）『さよならジュピター』（'84）などを製作。作家としても『大魔界』シリーズなどを執筆。

春日　『日本沈没』ももう一人、田中収[*2]というプロデューサーが関わっているんですけど、血縁関係はないです。混乱しないように、原稿書くときは下の名前で「友幸は」とか「収は」と書きましたよ。それで話を戻しますと、田中友幸としては、これは超大作になるわけですけど、それでもやらないといけないくらいの勝負の作品でもありました。

東宝の経営体制の変化

町山　東宝に限らないですけど、その頃、日本の映画会社はどこも経営がまずかったんですね。
春日　特に東宝が重要な段階にあって。日本映画はこの映画によって変わっていくわけです、日本映画界そのもののあり方が。一九六〇年の終わりくらいに東宝の映画が一気に当たらなくなってくるわけですね。特に「明るく楽しい東宝映画」という象徴でもあった、『若大将』シリーズだったり『社長』シリーズが全く当たらなくなっていく。一方で当時は撮影所のスタッフも社員として抱えていましたから、これが余剰人員になっていた。
町山　給料が払えなくなってきた。
春日　給料が高いんですよね、東宝は。それで撮影所の制作部門の切り離しを行って、一九七一年に砧《きぬた》撮影所が東宝映画という別の会社になって独立採算性になってしまう。他にも特撮部門は特撮部門で東宝映像という会社になる。美術部門は東宝美術になって。東宝本体は映画を配給して興行するだけの会社にして、あとの制作は別会社です、あなた方でやってくださいという形に変えていくわけですね。
町山　同じ頃、ハリウッドもそうだった。映画が儲からないから、撮影所を縮小していった。で、広大な敷地を貸す不動産になっていく。特に20世紀フォックスは土地貸しで大成功する。たぶん東宝の不動産会社化というのは20世紀フォックスの真似をしてるんだと思う。
春日　東宝は小林一三《いちぞう》が創業者で、繁華街のいい場所に映画館をつくるという方針でいました。今でいう有楽町のマリオンとか、映画館がある場所が一等地なんです。そこに映画館だけだったらもったいないからビルを建ててテナントで金を稼げばいいんじゃないかということで多角経営をやっていくわけです。実は僕、大学時代に東宝の入社試験を受けたことがあるんですけど、そのときに「うちを映画会社だと思って受けに来ないでほしい。うちは不動産で稼いでいる」ということをはっきりと入社説明会で言われました。

＊2　『青春の蹉跌』(’74) の他、『悪魔の手毬唄』(’77)『獄門島』(’77) など市川崑監督の『金田一耕助』シリーズを手掛ける。

町山　当時フォックスと東宝は仲良くて、社長の松岡功がフォックスに勉強に行ったときに経営立て直しを見てたんじゃないかという説があります。
春日　松岡社長は海外にずっと行ってましたからね。でも、東宝の不動産事業化はもう少し先です。
町山　あ、それは八〇年代か。
春日　はい。で、一九七〇年代の話に戻ると、東宝は映画委員会というのを発足させています。それまで東宝はプロデューサーシステムで、一人のプロデューサーが映画の企画を立ててから完成まで全てをコントロールしていたのが、今度は合議制になって配給・興行の各部門からも一人ずつ参加して企画を決定していくことになりました。東宝映画からもプロデューサーが一人出る。でも九人いる委員会で九分の一なので、プロデューサーの力が落ちてしまうんですよね。それで一気に現場の発言力が落ちてしまって、合議制によって東宝で何を配給するかが決まっていく。いちおう分離するときの労使交渉で、東宝の映画館は東宝映画制作の映画を年間一三本かけるという契約だけは結んだんですよ。ところが東宝映画側にそれをまかなう制作力もない、企画力もないという段階で、映画もお蔵入りになったりとか打ち切りになったりで、実はちゃんとかけられた映画が一九七一年は七本しかなかった。

町山　東宝は毎年お正月の新聞に一面広告でその年公開予定の映画のラインナップを発表していたんですが、それが実際につくられなくなっていきました。
春日　そういう時代になってて、一方で東宝の制作部門を切り離すということは、別の会社とも組んで、その映画を配給することができるようになる。それでいちばん大きかったのが勝新太郎率いる勝プロダクション。勝新太郎プロデューサー、若山富三郎主演で『子連れ狼』シリーズ（'72〜'74、「時代劇編」参照）をつくって東宝でかけたところ、大ヒット。
町山　このシステムは今も続いてます。テレビ局がいっぱい映画をつくってるじゃないですか。それを東宝シネマズでかける。テレビ局は制作費、宣伝費を負担したうえ、配給料を東宝に払う。で、東宝はチケット代の半分を持っていく。絶対に東宝は損しない。一九七〇年頃だとホリプロ制作の映画がよく東宝にかかってた。
春日　山口百恵の映画をやったり。
町山　映画制作よりも劇場経営のほうがリスクの少ないビジネスなんですね。

乾坤一擲の勝負に挑む

春日　東宝では映画館を管理する興行部が強くなっていきます。そして東宝映画、つまり砧撮影所でつくった映画はできるだけ東宝の劇場でかけたくないという状況になってくる。

そうした中で唯一稼ぎ頭だったのが特撮部門の東宝映像による『ゴジラ』シリーズ（'54～'75）だったんですけど、これも予算が削減されていって、このままでは終わってしまう、終了しようじゃないかという声もあって、実際に『日本沈没』の翌年に『ゴジラ』シリーズは一旦終わりを告げるわけです。それで東宝映画も東宝映像も、どっちもこのままじゃ仕事がなくなる、食えなくなるぞというところで、乾坤一擲《けんこんいってき》の大勝負を打つしかないと。その中で、東宝映像のトップである田中友幸は『日本沈没』を手に入れて持ってくるわけなんです。
町山　一九七〇年代初めの東宝の製作現場では仕事がないので、テレビドラマを撮ってました。
春日　『傷だらけの天使』（'74～'75）がまさにそれで、恩地日出夫[*3]をはじめとする第一線の東宝の監督やスタッフが撮っています。
町山　監督も撮影も一流の映画人だから、当時のドラマは質が高い。
春日　それでこの『日本沈没』は、少し前までは「東宝」という一社名義だったのが、「東宝映画」「東宝映像」の合作という形になるわけです。今までなら「東宝の田中友幸」が「やる」と言ったら実写パートも特撮パートも同時に現場がバッと動いたんですけど、今度は違う。特撮部門と実写部門が別会社なわけですよ。田中友幸は特撮部門である東宝映像の社長なわけですね。となると実写部門である東宝映画の人間を巻き込まなくてはいけないということで、東宝映画のプロデューサーの田中収のところにもっていくわけです。田中収さんはもともと田中友幸の部下で、『上意討ち 拝領妻始末』（'67 小林正樹監督）や『首』（'68 森谷司郎監督）で彼の下についていた。そしたら田中収プロデューサーは「これは当たります。ただお金がかかる」と。日本が沈没する話ですからね。火山が爆発する、地面が割れる、津波が来る、日本が沈没する、これはお金がかかると。『ゴジラ』シリーズもこの時期はどんどん低予算になっていてお金をやりくりしてる。「でも『ゴジラ』シリーズ以上のお金が欲しい」「わかった、当たるんだったらそれで企画書を書いてくれ」ということで、田中収プロデューサーが企画書を書いて、それを本社の調整部長に持っていった。これが後の東宝社長になる松岡功[*4]。当時、映画調整部というのがいちばん力を持っていまして。ここは東宝系列の映画館で何を配給するかを決める部署ですから。そこに田中収プロデューサーが企画書を持ってくる。すると松岡部長は「収さん、これは心中でっせ」と、関西弁で言うんですよね。それで始まっていくわけです。でも予算がなくて、

＊3　映画監督。『あこがれ』（'66）『伊豆の踊子』（'67）『蕨野行』（'03）など。
＊4　後、東宝社長を経て会長。祖父は小林一三、息子は松岡修造。

最初は「チャンピオンまつり」くらいの予算しかなかったそうです。
町山　それじゃ、できるわけない。
春日　できるわけないです。それで中野昭慶（第四章も参照）をはじめとする特撮の人たちが「これではできない。無理だ」と言って、友幸プロデューサーも松岡部長に頼んで「これは勝負だから、八・一五シリーズばりの予算をください」と言って、予算が下りて超大作としてやれるようになったんです。

日本はなぜ沈没するのか？

町山　『日本沈没』がベストセラーになったのは、プレートテクトニクスという理論で大地震の周期性を説明したことが大きかったです。映画の中で竹内均さん（地球物理学者）が解説していますね。地球の表面はいくつかのプレートに分かれていて、プレートの上にあるのが地殻で、その下をマントルというものがゆっくり動いている。『日本沈没』ではマントルをコンニャクを使ったモデルで見せてました。で、日本海溝にマントルが地殻と一緒に沈んでいって、ひっかかった地殻が何十年か周期でリバウンドする。それが大地震だと説明されます。で、日本を載せたプレートはどんどん沈んでいっちゃって……。
春日　日本そのものも沈んでいくのだと。

町山　ただ、それは実際には何万年ものスケールで起こっていくことなんだけど、小松左京はそれをたった二年間くらいの出来事にしたんだと。で、もしそうなったら日本人はいったいどうするだろう、とシミュレーションして小説を書いたんです。小松左京は『首都消失』もそうですね。東京が突然なくなったらどうするか。突然、謎の雲に覆われて東京から人も何も、電波すら出入りできなくなる。その雲の正体についてはどうでもいい。東京がなくなったら日本はどう対応するかというシミュレーションなんです。サイエンスよりもポリティカルのほうが重要なフィクションです。

円谷＋黒澤
春日　田中収プロデューサーが選んだスタッフが斬新でした。まず、脚本は橋本忍。
町山　橋本忍は『七人の侍』（'54、「時代劇編」参照）はじめ黒澤組の名脚本家ですね。
春日　他にも『日本のいちばん長い日』（'67、第三章参照）であったり。『砂の器』（'74 野村芳太郎監督）『八甲田山』（'77 森谷司郎監督）。
町山　大量のキャラクターが動く政治ドラマが書ける。
春日　そして監督が森谷司郎。[*5]
町山　庄司薫原作の青春映画『赤頭巾ちゃん気をつけて』（'70）をヒットさせた。次に、学生運動を描いた柴田翔の小説『されどわれらが日々』を原作にした『別れの詩』（'71）。
春日　森谷監督だと『放課後』（'73）もこの時期です。
町山　セーラー服の美少女、栗田ひろみが中年の地井武男に恋して、彼を誘惑しようとするせつない映画でした。そんな、駅前商店街ロケの映画を撮ってた監督をいきなり一万倍くらいスケールの大きなSF超大作に大抜擢。
春日　なぜかといえば森谷監督はもともと黒澤明[*6]の助監督をずっとやっていた人で。
町山　『用心棒』（'61）『椿三十郎』（'62）『天国と地獄』（'63）『赤ひげ』（'65）。
春日　そして、撮影には木村大作[*7]が入る。
町山　『用心棒』『椿三十郎』の撮影助手。
春日　『日本沈没』では最初、木村大作はB班カメラでしたが、実質的に木村大作が撮影監督になります。この橋本、森谷、木村のトリオは『日本沈没』の後も『八甲田山』で組みます。
町山　さらに音楽が佐藤勝[*8]で美術が村木与四郎[*9]。二人とも『用心棒』『椿三十郎』『天国と地獄』『赤ひげ』で黒澤組でした。つまり、黒澤明以外の黒澤組を集めたんです。
春日　黒澤組で特撮映画をつくろうということなわけです。
町山　そして、特撮班は、特技監督が中野昭慶。この頃まだ三八歳ですが、大抜擢。特撮ではなく特技なのは、ミニチュアを破壊したり爆発したりする具体的な技術なんですね。だから火薬や化学物質取り扱いのプロでもある。助手で川北紘一[*10]がついてます。『ゴジラVSビオランテ』（'89 大森一樹、川北紘一監督）とかの平成ゴジラシリーズの特技監督です。そしてミニチュアなどの造型は安丸信行[*11]。安丸さんは『キングコングの逆襲』（'67 本多猪四郎、円谷《つぶらや》英二監督）のゴロザウルスをつくっています。さらに美術が井上泰幸[*12]さん。特撮

＊5　黒澤明の助監督を経て、『八甲田山』（'77）『小説吉田学校』（'83）などを監督。
＊6　日本映画に革命を起こした巨匠。『七人の侍』（'54）『用心棒』（'61）『乱』（'85）など。著書に『蝦蟇の油』など。
＊7　『火宅の人』（'86）『鉄道員（ぽっぽや）』（'99）などの撮影を担当。監督作品に『劒岳 点の記』（'09）など。共著に『誰かが行かねば、道はできない』。
＊8　『独立愚連隊』（'59）など三〇〇本を超える作品の劇伴を手掛けた日本映画音楽の第一人者。著書に『300／40 その画・音・人』など。
＊9　他に『激動の昭和史 沖縄決戦』（'71）『四十七人の刺客』（'94）など。共著に『東京の忘れもの』。
＊10　東宝で円谷英二に師事。平成ゴジラシリーズ六作で特技監督を務める。著書に『特撮魂』など。
＊11　東宝怪獣映画のキャラクタースーツを数多く手掛けた。
＊12　東宝の戦争映画や怪獣映画の特撮美術で活躍。『ゴジラ対ヘドラ』（'71）『首都消失』（'87）など。

場面のイメージボードを描き、超兵器をデザインしてきた。『地球防衛軍』（'57 本多猪四郎、円谷英二監督）とか『海底軍艦』（'63 同）とかのヴィジュアル・イメージは彼がクリエイトしてきました。で、特撮パートの撮影は富岡素敬さん[*13]。作品は『妖星ゴラス』（'62 同）『キングコング対ゴジラ』（'62 同）『海底軍艦』『三大怪獣 地球最大の決戦』（'64 同）……とキリがない。つまり、この人たちはみんな円谷英二[*14]の下で東宝特撮映画を支えてきたメンバーなんです。
春日 だから『日本沈没』は、黒澤組＋円谷組で、二大天皇のスタッフが勢ぞろい。
町山 世界最高の二大巨匠のスタッフ、夢の合作。どちらも田中友幸プロデューサーの下にいたんですけどね。円谷組というのは本多猪四郎[*15]監督の組でもあって、黒澤明と本多監督は親友だったたんですが、どっちの作品も東宝の一年間の中では正月と盆の大作だったたんです。だからスケジュール的にも互いの作品にめったに協力しなかったんですが、そういう撮影所システムが崩れちゃったから。
春日 別会社になりましたからね。

奇跡の座組ができるまで

春日 黒澤組で実写パートをやっていこうというのは田中収プロデューサーの考えでした。

田中友幸プロデューサーとしては自分の慣れ親しんだ『ゴジラ』シリーズや戦争映画をやってきたメンバーに実写パートを任せたかった。監督だったら松林宗恵《しゅうえ》[*16]とか福田純[*17]。脚本家だったら関沢新一[*18]がいいと。
町山　関沢さんは『海底軍艦』や『キングコング対ゴジラ』などＳＦものを得意とする脚本家です。
春日　それに対して、田中収プロデューサーが「そうじゃない」と反発するんです。この

＊13　特撮のカメラマン。『ゴジラ』シリーズ（'54～'75）『地球防衛軍』（'57）など。
＊14　『ハワイ・マレー沖海戦』（'42）『ゴジラ』（'54）、テレビ『ウルトラＱ』（'66～'67）などで日本特撮に革命を起こした特撮監督。
＊15　『ゴジラ』（'54）『モスラ』（'61）など多くの特撮映画を監督。黒澤明とは盟友で『影武者』（'80）以降演出補佐を担当。著書に『「ゴジラ」とわが映画人生』。
＊16　東宝で『社長』シリーズ（'58～'70）や戦争映画『連合艦隊』（'81）などを監督。
＊17　『若大将』シリーズ（'62～'69）『ゴジラ』シリーズ（'66～'74）『１００発１００中』（'65）など多岐にわたる作品を監督。
＊18　『暗黒街の対決』（'60）『独立愚連隊西へ』（同）などのアクションや『モスラ』（'61）などＳＦや怪獣映画の脚本を多数執筆。

映画に関しては重厚な人間ドラマとしてつくっていかないと特撮の迫力に耐えられないだろうということと、それだけの重みのある作品にしないとお客さんには受けないだろうから、これまでの特撮をやってきた脚本家ではだめだと。それで、当時最高の脚本家の橋本忍を使うというところにもっていって。実は田中収プロデューサーは橋本忍の弟子にあたる人で、『上意討ち』や『首』に助手で入っていて、橋本忍の下で脚本の清書とかをやっていたんです。それで互いに何でも言い合える信頼関係があったのが一つ。もう一つは、田中友幸プロデューサーが「橋本忍にこのSFできるの?」と言ったら、田中収プロデューサーは橋本さんの蔵書にプレートテクトニクスの本があったのを知ってるんですよ。実は地殻変動のことも橋本忍は本で読んでるから「わかります、大丈夫です」と推したんですよ。そのおかげで橋本節とも言える滅びの美学、最後の丹波哲郎の演説に至るまでの重厚なドラマにもっていった。
町山　小松左京ではなく、橋本忍の映画になってますね。
春日　それから森谷司郎についても『首』や『放課後』を田中収プロデューサーがやってるんです。ここも何でも言い合える仲で、いちばん出来上がりが信頼できるのは森谷司郎だというのがあった。この三人で『首』という映画をやってるんですけど、弁護士が裁判で証拠のために人間の生首を墓から掘り起こして裁判所に持ってくるというとんでもない映画でして。それをやった三人が最高だというのが田中収さんにはあって、これでやりたいと。

以前だったら田中友幸プロデューサーに意見なんて言えない立場なんですが、今度は別会社のプロデューサー同士なので対等なんです。しかも実写パートは東宝映画の専任事項になってくるので田中友幸の意見は突っぱねることができたんですよ。それで突っぱねてこのメンバーを引っ張ってきたわけです。ただ問題が起きたのは、黒澤監督がソ連で『デルス・ウザーラ』('75)を撮ることになったんですよ。その助監督に森谷司郎が入ることになっていまして。それを何とか説得して、こちらに回すことができました。

町山　森谷監督は黒澤明のものすごい苛酷な要求に耐えてきた鉄人ですよ。だって『天国と地獄』でどぶ川の汚れ方がよくない、リアルじゃないと言って、実際に一カ月、市にかけあって川を塞《せ》き止めて実際に川をどぶにしたんですよ。そんな無理難題をクリアしてきた人です。

撮影・木村大作の下剋上!

町山　木村大作は皆さんご存知のとおり、大撮影監督。
春日　ただこの段階の木村大作は一介の若手なんですよ。

町山　撮監デビューくらいですよね？
春日　『日本沈没』の冒頭、祭とか日本各地のドキュメンタリー映像が続きますよね。これ、木村大作が勝手に撮ってきたんですよ。東宝は作品が減ってるのでカメラが余ってるんで。「この映画はチャンスだからどうしてもやりたい」と思って、座組が決まる前からカメラ担いで、スタッフは照明一人だけ連れて、ねぶた祭とか勝手に撮ってきたんです。
町山　ありもののフッテージかと思ってた。
春日　違うんです、撮ってきたんです。
町山　勝手に撮って撮監の座を勝ち取ったんだ。
春日　それを森谷さんに見せて。B班カメラで参加した。B班は本来なら押さえのショットしか撮らないんです。それを勝手に「俺はここから撮る」とA班を押しのけていく。それで素材を森谷監督のところに持っていって「どっち取るか選んで」と。
町山　すごい！　下剋上《げこくじょう》⁈
春日　仕掛けたんです。木村大作に取材したら、「こういう時代に生き残る奴は我が道を行く奴だ」と言っていました。
町山　カメラって二カメで撮るときはメインとサブがあるんだけど、サブのほうは押さえなのに、木村さんは勝手にメインみたいに撮っちゃったんだ。

春日 ダブルメインになっちゃったんですよ。で、選ばれたのは半分以上が自分だって話してました。
町山 下剋上。すごいね。
春日 かましてるんですよ。だから現場自体がものすごく熱い。
町山 その熱気がスクリーンから伝わってくる映画ですね。しかも制作期間もめちゃくちゃ短い。全然寝てなかったんでしょうね。

熱が溢れた現場

春日 出版されてから公開されるまでが半年ちょっとしかない。問題は橋本忍。大脚本家なので時間がかかるんです。ご本人も、この脚本は三カ月かかると言っている。
町山 だって原作、分厚いもん。
春日 三カ月かかったら公開が間に合わないんですよ。それでどうしたかというと、先に特撮パートだけ脚本にしていった。
町山 時間かかるから。
春日 橋本さんって構成をガッチリ固めて書いていく人なので、一部分だけ書くって普通はできない。それを敢《あ》えてやったんです。中野昭慶監督に電話がかかってきて「ここに山が崩れて爆発するっていうのを書こうと思うけど、それできる?」っていちいち中野さんに確認するんですけど、中野さんが途中で言うのが「いちいち俺に確認しなくていいです。橋本さんがやりたいように書いてください。あとはこっちでやりますから」と。
町山　すごいね。中野さん。
春日　中野監督としてはこの映画どうこうじゃなくて、円谷とつくってきたこのすごいスタッフたちを離れればなれにしてはいけないという想いが強くて。それでこの映画は当てる必要があるんだという。しかも『ゴジラ』シリーズのときは制約だらけだったので——。
町山　どんどん製作費が安くなって、『ゴジラ対メガロ』('73福田純監督) なんて都市破壊もなかった。
春日　ここで特撮を存分にやるんだということで、橋本さんに好きに書いてもらった方がよかったわけです。
町山　光学合成とかあまり使わないで、実際の物を徹底的に破壊する撮り方です。
春日　そこはおっしゃってましたね。「サイエンスフィクション」じゃなくて「サイエンスファクト」でやるんだと。いかにファクトに近づけていくかということで、ビルが壊れるところも、前だったら壊しやすいつくり方をしていたんですね。そうじゃなくて今度は、壊れた形がリアルになるようにというつくり方に変えていった。

町山　合成やＣＧと違って、爆発も爆発それ自体をコントロールしないとならない。火炎の爆発か、煙の爆発か、破片はどう飛び散るのか。だから花火師というか化学実験みたいな作業でもある。中野監督は〝爆発の中野〟の異名をとる爆発の名手ですが、この『日本沈没』がいちばん爆発してる。
春日　そうですね。これと『連合艦隊』（'81　松林宗恵、中野昭慶監督）が二大巨頭ではあります。
町山　『連合艦隊』の戦艦大和轟沈《ごうちん》シーンは爆炎がデカすぎて、東宝プールのホリゾン（背景）よりもはるかに高く燃え上がってカメラのフレームから外れるという……。『日本沈没』では、渋滞した車が次々に引火して爆発していくシーンがやりすぎですごい。

現役の科学者を駆り出して〝日本沈没〟にリアリティを！

春日　サイエンスファクトというところで田中収プロデューサーがもう一つ重要視したのが、さっき町山さんがおっしゃった竹内教授のシーン。本当の地質学者の人を実際の画面に出す。しかも竹内教授は当時ＮＨＫの教育番組にも出てた人なので、観客がわかってるんですね。この人は学者で正しいことを言う人だと。この作品はあまりに突飛な設定なので、嘘と思われたら終わりだと。竹内教授を出して説明させることで、これは本当に起きるのかもしれないとお客さんに思わせようとしたらしいんです。でも竹内教授がやっぱり難色を示したらしいんですよ。
町山　役者じゃないし。
春日　あと、大学とかで講義したり、ＮＨＫで解説するならまだしも、映画に出て、実際に起きるかどうかわからない話をするのはさすがにまずくないかっていう。
町山　まあ、本当はそんなに急に日本は沈没しないから。
春日　田中収プロデューサーは、「いや、そうじゃない。プレートテクトニクス理論を世の中に知らしめる最高の機会ですよ」と説得して、出るわけです。だからここは重要なパートなんです。
町山　うちのお袋なんて本気で「日本、沈没しちゃうかもしれないわよ」とか言ってましたよ。

本作の登場人物

町山　僕は当時、初日に行きましたよ。日比谷の千代田劇場に見に行ったんですけど、劇場の周りを行列が何周も巻いてました。なぜ見たかったかというと、藤岡弘[*19]のファンだったから。仮面ライダー、本郷猛ですよ。潜水艇わだつみの操縦士、小野寺。やっぱり日本を救うのは藤岡弘ですよ。リメイク版（'06 樋口真嗣監督）で小野寺役の草彅剛くんじゃ頼りないでしょ。
春日　でも、結果は逆でした。
町山　ねえ。この二人、正反対ですよね。獣と植物、縄文と弥生。
春日　日本の沈没を予期する学者、田所博士が小林桂樹《けいじゅ》（第三、四章も参照）。
町山　一種のマッドサイエンティストで、テレビで殴り合いしたりね。たぶんコナン・ドイルの『失われた世界』で恐竜生存説を唱えるチャレンジャー教授をモデルにしてると思います。小林桂樹さんってこんな鬼気迫るキャラじゃないんだよね。真面目で気の弱いサラリーマンが似合う俳優さんで。
春日　でも橋本忍脚本の『首』で正木という弁護士をやって、それが完全に田所なんですよ。無実を獲得するためにありとあらゆることをして、狂気の世界に入ってる弁護士。
町山　そっちのキャラをもってきてるんだ。
春日　同じプロデューサー、脚本家、監督の作品で小林桂樹をここにもってくるというのは意図的だと思います。

＊19　現・藤岡弘、。テレビ『仮面ライダー』（'71〜'73）の主役・本郷猛役で一躍人気に。

町山 そして丹波哲郎。
春日 日本国首相です。
町山 ここから出世して世界大統領になります。
春日 それは『宇宙からのメッセージ』（'78 深作欣二監督）！
町山 山本首相の丹波哲郎、いいんですよ。すごいの。泣けるんですよ。
春日 演説の素晴らしさ。橋本忍脚本との相性が本当によくて。
町山 同じ年に橋本忍の『人間革命』（'73 舛田利雄監督）で、創価学会の始祖、戸田城聖をやってますね。そっちも特撮映画なんですよ。東宝で撮ってて。日本が未曾有の危機にあるのを救うんだという演説をする。
春日 この翌年が『砂の器』。どれも橋本脚本で大演説。橋本脚本の重々しい日本語はこの人の大演説がぴったり。
町山 丹波さんは演説シーンが大好きですよね。生前お会いした際に言ってましたけど、演説はカンペ読めるから楽だって。台詞《せりふ》覚えるの嫌いだから。
春日 そして夏八木勲（第二章も参照）。
町山 小野寺の相棒、結城達也。
春日 バディものなんですね、これ。

町山　ただのバディじゃないでしょ。小野寺に「どうして俺を放っておくんだよ」って駄々をこねたり殴ったり、どう見ても友情以上の感情を抱いてるんだけど本人が気づいてない。『戦国自衛隊』('79 斎藤光正監督)のキャラと同じですね。
春日　夏八木勲がやるとその感じが出ます。
町山　藤岡弘にはね、いしだあゆみ[20]という超美人の彼女がいるんです。会ったその日に、葉山の海岸で「抱いて」って言うんですよ。出会って四分くらいで合体みたいな。ところが寸前で火山が爆発しておあずけになってしまう。あの火山、藤岡弘の性欲のメタファーかと思いましたよ。
春日　ドカーンって。
町山　この「抱いて」は、リメイク版の『日本沈没』でも再現されてましたね。柴咲コウが草彅くんに「抱いて」って言うんです。でも、草彅くん、「僕にはできない」って言うんですよね。箱根の老人に「子どもをどんどんつくらないと日本は滅びるぞ」って叱られますよ。
春日　島田正吾(第三章も参照)ですね。

＊20　『青春の門 自立篇』('77)『駅 STATION』('81)『火宅の人』('86)など。

町山　「箱根の老人」と呼ばれる、日本の政財界に君臨する、いわば「闇の総理」。「伊豆の老人」というと暴力団の世界で稲川会総師の稲川聖城ですが。山一抗争を描いた『激動の1750日』（'90 中島貞夫監督）では丹波哲郎が演じてました。『人間革命』で戸田城聖で、こっちでは聖城。
春日　実際に「鎌倉の老人」という人がいたみたいですよ。政治を陰から動かした御隠居が建長寺に暮らしてたらしく。元ネタはそこじゃないかと思うんですね、やくざ方面じゃなくて。
町山　なるほど。この島田正吾が、政府が表立って動けない日本沈没対策委員会みたいなものを裏で動かしていく。島田正吾さんは伊丹十三監督の『あげまん』（'90）でも政財界の黒幕らしき謎の老人で出てくる。ほとんど似たようなキャラ。
春日　とにかく大物感が半端ない。
町山　でね、その老人の世話をしている女性が可愛いんです。角《すみ》ゆり子という女優さんで、他にほとんど映画に出てないんですけど、唯一の主演作が、二十歳で自殺した女子大生、高野悦子の遺書を映画化した『二十歳の原点』（'73 大森健次郎監督）で、映画は見てないんですが、スチルが可愛くて覚えてるんですよ。『日本沈没』では台詞が無くて、島田正吾が姪っ子と説明するまで、ロリコンの老人が美少女に介護を頼んでるのかなと思って。

春日　愛人感があるんですよね。

日本沈没まで一時間

町山　小野寺が操縦する深海探査艇わだつみが日本海溝の底で泥流が渦を巻くのを確認するシーンから始まるんですけど、ここの特撮がすごいですね。
春日　中野監督もここにいちばん力を入れたと言ってました。
町山　本物の海底にしか見えない。
春日　深海艇が進んでいった先で切れ目が見つかったという、ここが嘘に思われちゃったらそこから先は全部嘘に思われちゃうので、ここをリアルに撮ることにいちばん力を入れたと。
町山　日本海溝に日本が沈み始めていると。わだつみは実物大モデルもつくられて、これも本物にしか見えないですよ。
春日　「わだつみ」の中も照明を落として赤にして、色合いも変えていって。それからダビングの段階で、深海なので音があっちゃいけないというので雑音も全部カットしたそうです。カットして暗闇に入っていったら「あっ」と裂け目が見える。
町山　この導入部、ジェームズ・キャメロン[*21]の『タイタニック』('97)に影響を与えたと思うんですよ。『日本沈没』は全世界でヒットしましたからね。アメリカではロジャー・コーマン[*22]が配給して。
春日 そういう扱いなんですね。
町山 で、「日本沈没」という言葉が出てくるまでちょうど一時間なんですよ。今これだけ粘れる映画はないよね。
春日 橋本忍は『日本のいちばん長い日』でもタイトル出るまで時間かけましたからね。
町山 これも一時間でやっと田所博士が「日本列島の大部分は海に沈んでしまう」と言う。その途端にぐらぐらぐらと揺れて東京大地震ですよ。むちゃくちゃタイミングよすぎ。
春日 この東京大地震がすごいんですよ。
町山 中野監督の才能爆発。爆発しすぎてますが、一部。

東京地獄地震

春日 本人がサイエンスファクトと言うだけのことはあって、地震もリアルにつくっていくことを考えたとおっしゃっていました。
町山 いちばん怖いのは、高層ビルの窓ガラスが割れて歩行者に降り注ぐガラスの雨。
春日 そこは中野監督も取材のときに「いちばんの恐怖がガラス張りのビルである。あれほどの凶器はない。その映画でそれを訴えたのに、世の中は何も聞いてくれない。どんどんガラスビルばかりになっていく」と熱く語っていました。
町山　ぐさっと首に刺さって血がビューと。その後、すぐにこれが現実になった。一九七四年の三菱重工爆破事件。丸ノ内のビル街で爆弾が爆破されて、多くの人が降ってきたガラスで体を切られて死んだ。つくづく、中野監督は映画の道に進んでよかった。
春日　基本的に森谷監督と中野監督の共通したテーマは何かというと、現代の日本に対して警鐘を鳴らしたいということなんです。小松左京と製作者サイドには大きな考え方の違いがあったんです。「日本が沈む」ということに対して実は森谷監督も中野監督も強い感情をもってないということです。たしか森谷監督は台湾、中野監督は満洲で、どちらも引き揚げで命からがら追われながら戻ってきて、「自分たちは祖国に捨てられた」という意識があるから、日本は故郷じゃないというのがもともとあるので、日本が沈むことに悲しみがないと。

＊21　『ターミネーター』(’84)で一躍ヒットメーカーに。『タイタニック』(’97)はアカデミー賞史上最多タイの一一部門受賞。
＊22　製作作品が四〇〇本以上に上る、〝インディペンデント映画の帝王〟。

町山　なるほど。
春日　むしろこの映画でやりたいことは、「俺たちが感じてきた地獄をお客さんに感じてもらおう」というのがあるんです。つまり人間の死というのは華やかなものでも燃え上がるものでもなくて、突然やって来るものである、あるいは人間が危機的な状況になったとき、どう動いてどう結末をもっていくかをリアルに追っていこうとシミュレートしていく。だから人間というものは、容赦なく襲いかかってきたものには無力であると。そういう中で諸々対策を練らなきゃいけないのにできてないじゃないか、それは大戦のときとまったく同じだろうと。それを言いたいというのがある。だから「これは近々起きることなのに、日本は危機管理ができてない。その警鐘を鳴らすのがあの地獄を経験した俺たちのやることじゃないか」と森谷監督と中野監督は誓い合った。だから死のシーンはひたすら残酷に、そしてリアルに描いていったんですよね。
町山　皮肉なユーモアもある。関東大震災を経験したおじいちゃんが「火を出すな。とにかく火を出さなければ大丈夫だ」と言ってると、水に呑まれて死ぬ。
春日　死って突然現れるものだというのが二人にあって。目の前で人が死ぬのを子どもの頃に見てきた二人なので、そこの意識がすごく強い。
町山　「隅田川、荒川、江戸川が決壊し、江東区と墨田区の全域、江戸川区の一部が全滅」と報告されるんですが、江戸川区のほうは川や海より低いゼロメートル地帯で、四五年近く経つ現在も、水没の危険は何も解決されていない。人口が増えていくだけで。
春日　あと歩道橋のだめなところが描かれてましたね。歩道橋が地震で倒れたら車が通れなくなる。後半、ヘリコプターが救助に行くシーンがありますけど、狙いとしては歩道橋で地面がやられてて消防車が行けないという設定だったんですよ。
町山　だからヘリコプターで行くんだ。
春日　「歩道橋を全部撤去しろ」って、中野監督はおっしゃってましたね。
町山　あのヘリも墜落する。乱気流に巻かれて。関東大震災のときもそうだったんですけど、大火災の上昇気流で竜巻が起きる。そんな風に徹底的に地獄を見せていく。
春日　そこで丹波哲郎の首相がおいしいところをもっていく。
町山　避難民が皇居の周りに群がって「中に入れろ」と言う。機動隊や警察は「暴徒だ」と言って入れない。そこで山本総理が宮内庁に電話をかけて「国民を救うためです。宮城に入れてください」と説得する。感動する場面ですが、あそこですごいのは、皇居の門はミニチュアで、集まって蠢《うごめ》く群衆は黒い鉄の粒か何かなんですよ。それを下から磁石で動かしてます。
春日　へえ！

町山　あと山本総理が自衛隊にジェット戦闘機があっても地震の際には何の役にも立たないじゃないかと言うんですね。自衛隊が守るべきものは何なのかと。
春日　このへんのペシミズムが橋本忍節でもありますよね。
町山　反戦映画『私は貝になりたい』（'59　橋本忍監督）を書いてる橋本忍らしい台詞ですね。そして地震の後、ダメ押しで死屍累々の惨状をはっきり見せる。徹底的に情け容赦のない描写。

丹波の目に涙

町山　ただ、今、東京大地震を見るとやっぱり火や水には巨大感がないですね。どんなものもミニチュアにできるけど、火と水はミニチュアにできないから。
春日　小さくできない。
町山　だったらミニチュアじゃなくて、実際にでかいものをつくってしまえばいい。ということで巨大な富士山をスタジオにつくった。『空の大怪獣 ラドン』（'56　本多猪四郎、円谷英二監督）で阿蘇山大噴火をやったのと同じ方式で。ただ、中野監督から直接聞いたんですが、円谷組では特撮を五〇ミリの標準レンズで撮ってたらしいんですが、ピントが合っちゃって、空気感がない。でも『日本沈没』では空気感を出すために遠くから望遠レンズで撮ったそうです。
春日　望遠レンズ使うのは黒澤流ですね。
町山　中野監督は初めて試したと言ってます。巨大な富士山のセットをスタジオに組んで、ドアを開けて外から撮ったらしいですよ。すると遠くで富士山が爆発してる感じになる。実にリアルです。でも、噴火が始まると爆薬の量が多すぎてね。なにしろ爆風でスタジオのドアが全部開いてしまったという。
春日　富士山噴火での日本終わった感は半端じゃないですよ。だから、島田正吾扮する箱根の老人が「もう何もせんほうがええ」と、諦めていく。
町山　「このまま日本と一緒に沈んでいくのがいい」。それはなぜならば、日本というのは土地なのだから、この美しい自然なんだから、それと一緒に滅ぶのがいいのだと老人は言う。田所博士もそうなんですね。一緒に沈んでいく。心中するのだと。日本を愛しているからと。日本列島のお葬式ですね。丹波さんが泣いてるでしょう。
春日　あれ、本当に泣いてるんですよ。
町山　丹波の目にも涙！
春日　いや、丹波は橋本忍の『砂の器』でも最後の事件報告のシーンを泣きながらやってますから。素晴らしい役者なんですよ。

町山　そうですよね。台詞が入ってないとか小さなことですね。
春日　やればできる人なんですよ、丹波は！
町山　しかし「何もせんほうがええ」に丹波、山本総理は抗います。「そうじゃない！日本というのは日本人なんだ！　日本が滅んでも日本人が生きていればいいんだ！」と。そこで世界各国に難民受け入れの交渉をしに回る。
春日　「一人でもいい」って。
町山　「一万人受け入れてくれなかったら一〇〇〇人でもいい。一〇〇人でもいい。いや、一人でもいい」。譲歩しすぎだろ！
春日　このへんのドライブかかりすぎて理屈を超えていく感じが橋本節ですよ。
町山　丹波が必死で世界を駆けるから、海外のメディアから「カミカゼだ」と言われる。いっぽう、藤岡弘扮する小野寺も、一人でも多くの日本人を外国に逃がそうとして日本中を駆けずり回ってるのが報道されて、こっちも「カミカゼだ」と言われる。
春日　で、「こんなカミカゼが他の国に来たら迷惑だ」と報道される。
町山　まあ、ちょっと暑苦しいかもしれませんね、藤岡弘ですから。

作者たちの視点、守るべきは日本の〝国民〟

春日　守るべきは国土じゃなくて国民であるという考え方は、やっぱり引き揚げ組の考えなんですよね。
町山　戦争で大日本帝国が崩壊した時、政府は満洲や南方に出た日本人を守れなかった。命がけで国体は守ろうとしたのに。でも、守るべきは国家よりも国民だろうと言ってる。
春日　こういう台詞もありますね。「外へ出て行ってけんかをしてひどい目にあっても、四つの島に逃げ込み、母親のところへ逃げ込みさえすりゃよかった」。
町山　それは第二次世界大戦のことなんですよ。海外を侵略してそこを植民地にしてね。でも帰ってきてぬくぬくと甘やかされてきたのが日本人で、日本人は子どもみたいなものだと。でも、ユダヤ人のように帰る場所を失って、世界に散らばった日本人が海千山千の異民族の中で揉まれて、本当に戦っていってやっと大人になるだろうと。
春日　引き揚げ体験者ならではの台詞ですね。
町山　途中から藤岡弘といしだあゆみが別れ別れになって互いを求めていくんですけど、最後、シベリア鉄道に乗る藤岡弘で終わる。いつか、いしだあゆみと巡り合えると信じて。あれはデヴィッド・リーン監督の『ドクトル・ジバゴ』（'65、第一章参照）ですね。

『日本沈没』の大ヒットは日本映画の興行も変えた！

春日　『日本沈没』は日本映画の歴史を変えた一本でもあります。封切り当初は『グアム島珍道中』（'73 岩内克己監督）というコメディ映画と二本立てでした。
町山　井上順主演のコメディね。見なかったけど。『日本沈没』で疲れちゃったから。
春日　当時の日本映画はどんな映画でも基本的に二本興行なんですよね。どんなにヒットしても決まった期間に終わってしまうという状況だったのが、東宝は『グアム島珍道中』を途中で切るんですよ。
町山　客は『日本沈没』だけが見たいから、劇場が『グアム島珍道中』を上映しなくなっちゃった。
春日　二週目から一本立てのロングラン興行。それから当初の予定を延ばして、二月か三月までやるんです。超ロングラン。
町山　それから劇場に入りきらないもんだから移して、「隣の○○館でもやってます」ってムーブオーバーして。
春日　売れたら公開期間を延ばしていくとか、一本立て大作でやっていくとか、実はここから始まったんです。
町山　日本映画の一本立て公開ですね。

春日　一本立ててロングラン公開していくスタイルは、本格的には実はここから始まったんです。そこから日本映画は大作時代に入っていく。ここで全部変わっていく。それまでの小作品で二作品やってシリーズ化していくとか、短い期間でどんどん替えていくというやり方が全部変わったことで、日本映画のあり方まで変えてしまった。
町山　日本映画が週替わりで二本立て興行を続けていく意味はすでに崩壊してたんだけど、惰性でやってたんですね。
春日　やっぱりスタッフを多く抱えていたし、そうしないといろんな人に仕事が回らないという状況があった。新しいやり方をどうすればいいのかというのを思いつかなかった中で、たまたまこれがずばっとはまった。
町山　洋画と同じような公開形式になっていったんですね、ここから先。

続編の構想

町山　これだけヒットしたから、当然、『日本沈没』続編がつくられる予定だった。東宝の毎年初めに発表されるラインナップにはいつも『日本沈没 第二部』が入っていました。小松左京さんも、実はこれは長い物語の始まりにすぎないと言っていました。世界中に散り散りになった日本人の難民たちが、各国で苦労しながら、日本再建を目指す。つまりイスラエルを追放されたユダヤ人が二〇〇〇年近くヨーロッパをさまよってイスラエルを再建するまでの物語を日本人でやろうと。しかし、小松さんがなかなか書けなくて、亡くなる直前に谷甲州さんの手でまとめて『日本沈没 第二部』として出版されました。日本が、難民受け入れを迫られている今こそ、日本人が祖国を失って難民になる物語は映画化されるべきだと思いますね。でね、『日本沈没』って、『沖縄決戦』（第四章参照）公開の二年後なんですよ。
春日 そうだ、あれも小林桂樹と丹波哲郎のコンビだ。
町山 牛島中将と長《ちょう》参謀長。『沖縄決戦』では、途中で職場を放棄して勝手に自決して、沖縄県民を大変な戦災の中に巻き込んでしまった無責任コンビだったんですね。だから、『日本沈没』ってそれに対する贖罪《しょくざい》みたいに思えますね。
春日 なるほど！　かたや日本列島と心中し、かたや最後の一人まで生かそうとする。
町山 そう。これは桂樹と丹波の罪滅ぼしなんじゃないかと。だから、『沖縄決戦』と『日本沈没』、続けて見るといいかと。
春日 ああ、それ気持ちいいなぁ。
町山 『沖縄決戦』見て桂樹や丹波にイライラした心を『日本沈没』で洗われる、と。

第六章

『新幹線大爆破』——東映流反体制パニック映画

★博多行ひかり号に時速八〇キロ以下になると爆発する爆弾が仕掛けられる。犯人と国鉄、捜査本部の攻防の行方は……。
㊋一九七五年七月五日 ㊫東映東京 ㊩東映 ㊕一五二分
㊖佐藤純彌 ㊘小野竜之助、佐藤純彌 ㊗（原案）加藤阿礼 ㊍天尾完次、坂上順 ㊓飯村雅彦 ㊪中村修一郎 ㊒青山八郎 ㊔井上賢三 ㊑川崎保之丞 ㊌田中修 ㊏高倉健（沖田哲男）／山本圭（古賀勝）／織田あきら（大城浩）／宇津井健（倉持）／千葉真一（青木）／渡辺文雄（宮下）

関根勤のモノマネ

春日　正直な話、僕の場合はこの作品は関根勤のモノマネが先でした。管制室の宇津井健と運転席の千葉真一を一人でやるという。
町山「青木君、新幹線を止めるんだあ！」ってやつですね。止めちゃダメだって。博多行の新幹線に、時速八〇キロ以下に減速したら爆発する爆弾を仕掛けられて、一五〇〇人の乗客が人質に取られる話なんでね。
春日　新幹線に爆弾を仕掛けるところから始まって、犯人の脅迫の電話がある。
町山　博多に着くまでに爆弾を解除しないとならない。その先はないから。この頃、博多まで開通したばかりなんです。
春日　それまで日本映画の中でつくられなかったシチュエーションです。
町山　フランスで大ヒットして、その後、ハリウッドでも『スピード』（'94ヤン・デ・ボン監督）とか『アンストッパブル』（'10トニー・スコット監督）とか、このシチュエーションを発展させた映画がつくられますね。

『新幹線大爆破』製作の背景

春日　つくったのは東映です。東映は一九六〇年代終わりからやくざ映画を量産してきた。

それが七三年に始まる『仁義なき戦い』シリーズ（深作欣二監督）で一つ頂点になっていくんですけど、これを一気につくりすぎて、七五年に終了する。次につくる作品が見つからない状態で、何か新しいものを始めなくてはいけないなというのがある。『仁義なき戦い』は京都でつくってきたんですけど、東京はもともと現代的なアクション映画や社会派映画をつくってきたので、やくざ映画ばかりつくってる状態が嫌だった。もっと東京らしい現代的なものはできないかなと思ってるときに、七三年に東宝で『日本沈没』（森谷司郎監督、第五章参照）が大ヒットしたのもあり、大作をつくろうという機運が東映の中に新しく出てきて、大作の現代劇をやりたいという動きがあったわけです。

そこにアメリカで『タワーリング・インフェルノ』（'74ジョン・ギラーミン、アーウィン・アレン監督）が大ヒット。パニック映画ブームが起きるわけですね。そうだ、大掛かりなシチュエーションをつくったパニックサスペンスをやれば当たると。東映社長の岡田茂[*1]はとにかくこの時期は何もアイデアがなかった。昔はアイデアマンでいろんなアイデアで東映を救ってきたんですけど、この時期からは、当たった洋画があったらそれをパクれとばかり言っていて。実は『仁義なき戦い』も『ゴッドファーザー』（'72フランシス・フォード・コッポラ監督）が当たったから始まった企画だったりします。その後も『スター・ウォーズ』（'77ジョージ・ルーカス監督）から『宇宙からのメッセージ』（'78深作欣二監督）になったりとか、『ジョーズ』（'75 スティーヴン・スピルバーグ監督）から『恐竜・怪鳥の伝説』（'77 倉田準二監督）とか。
町山　『エクソシスト』（'73 ウィリアム・フリードキン監督）でオカルト映画がブームになると、『犬神の悪霊《たたり》』（'77 伊藤俊也監督）つくったり、どうもズレてるね。
春日　その一環で『タワーリング・インフェルノ』が当たったのでパニックものをやれということで、東京撮影所の坂上順[*2]プロデューサーに話をしに来るわけです。それで同じく東映東京の佐藤純彌[*3]監督とやることになるんです。

まるで産業スパイ

春日　佐藤純彌さんは、この直前に国鉄のPR映画を撮ってるんですよ。このへんからは

＊1　映画製作者。七一年に東映社長に就任、一時代を築いた。『網走番外地』シリーズや『仁義なき戦い』シリーズを製作。著書に『悔いなきわが映画人生』。
＊2　作品に『ゴルゴ13』（'73）『鉄道員（ぽっぽや）』（'99）『男たちの大和／YAMATO』（'05）など。
＊3　以降、『君よ憤怒の河を渉れ』（'76）『人間の証明』（'77）『敦煌』（'88）などを監督。

『東映スピード・アクション浪漫アルバム』という本での杉作J太郎さんによるインタビューで佐藤純彌さんが言ったことが基本になってくるんですけど――そのときにPR映画で国鉄が言っていたのは、新幹線というのはいちばん安全な乗り物であると。なぜなら、どんな危険な状態になっても絶対に安全装置が働いて確認してすぐに止まることができる。だから新幹線は安全なんです、という国鉄側のプレゼンテーションがあったと。
町山　自動的に止まるシステムだからと。
春日　だったら、その新幹線を止められなくなったらどうなるんだろう、それで考えてみようというところから始まったんですよね。そしたら佐藤純彌監督はラジオ好きだったりするので、ある周波数になるとラジオが止まる現象があるから、それと同じように一定より下の速度になると起動装置が点くということが物理的に可能だということを思いついて、その二つを合わせて『新幹線大爆破』（'75）のアイデアになったということです。
町山　『新幹線大爆破』みたいに完全にオリジナルで大作がつくられるのは珍しいね。リスクが大きいから、たいていは売れてる原作を探す。今のハリウッドを見ても原作なしのオリジナルって本当に少ない。
春日　東映東京に関川《せきがわ》秀雄[*4]という監督がいまして、鉄道ものの映画を撮ってたりしたんですけど、この人はお兄さんが新幹線の開発者だったんですよ。その人に取材に行って新幹線の構造をいろいろと調べていた。まだこの段階だと国鉄も多少の協力をしてくれたり、沼津の工場に行ったりがあったんですけど、タイトルを聞いて国鉄の態度が硬化するわけですね。いちばん問題になったのは何かというと、いたずら電話がかかってくる可能性があると。この映画の後、実際にかかってきたらしいんですけど、「新幹線に爆弾を仕掛けた」と。これがいちばん怖いから国鉄が協力するわけにはいかないということになってしまって。ただ運転席の風景とか知りたいので何をやったかというと、偽のレポーターを仕掛けて、ドイツの有名な研究者ですという外国人の人間をつくって、そいつに国鉄に取材に行かせて写真を撮って戻ってきたと。
町山　産業スパイみたい。
春日　嘘ついて国鉄を騙したという。遠景のシーンを撮るところも全部撮ったんですけど、無許可でやってるから警察が来るらしいんですよ。
町山　そうか、テロリストかもしれないと思われてね。
春日　そうすると「ドキュメントの撮影です」と嘘をついたと。
町山　冒頭の東京駅のシーンはどうやって撮ったの？

＊4　『日本戦歿学生の手記 きけ、わだつみの声』（'50）『超高層のあけぼの』（'69）など。

春日　あれは東京駅じゃなく、いくつか駅のホームのシーンとか線路のシーンは、これは東映東京のある大泉で撮ってます。大泉は大泉学園駅が近いので。西武線です。
町山　西武線はいいんだ。
春日　西武線からすると東映ってありがたい存在なんですよ。なにせ大泉学園駅って学園都市をつくるためにそういう駅をつくったのにどこも学園が来なくて、東映の撮影所があるおかげで保ってる駅だから。そういうことで東映と西武線って仲いいんですよ。「好きに使ってください」ということで、ほとんどのシーンが西武池袋線なんです。

国鉄のＮＧ

春日　結局、国鉄に申請出して審査にかかってＮＧが出るまでに二カ月かかったらしいんですよ。二カ月後にＮＧが出たもんで、どうする?と。公開まで考えると五週間しかないと。それで慌ててセットをつくったんですけど、そのセットをつくった会社というのが、新幹線の部品を実際につくっているのと同じ業者。
町山　新幹線の車内のセットですね。
春日　そうです。それを全部同じ業者に頼んで。だから中身は新幹線とまったく同じものができたらしいんですよ、素材から何から。ただお金を使い尽くしてるので、その後『新幹線公安官』（'77～'78）という鉄道を舞台にした警察もののテレビシリーズをやるんですけど、そこでそのセットを使い回してペイしていったらしいです。そうやって突貫でつくっていったということですね。
町山　新幹線自体はミニチュアでしたね。『ウルトラマン』（'66～'67）をデザインした成田亨《とおる》[*5]が担当してますけどね。
春日　想像での爆破シーンとか、あれは何度も予告シーンで使ってますね。
町山　爆発は実際には起こらないんですけどね。

〝健さん〟の新たなチャレンジ

春日　主役は高倉健[*6]です。
町山　これまで、ずっと任俠ものに主演してきた。

＊5　テレビ『ウルトラQ』（'66）『ウルトラマン』（'66～'67）『ウルトラセブン』（'67～'68）などの怪獣やメカニックのデザインを手掛けた。著書に『特撮と怪獣』など。
＊6　愛称〝健さん〟。東映任俠映画でスターに。『網走番外地』シリーズ（'65～'72）『幸福の黄色いハンカチ』（'77）など。

春日　任俠一筋みたいな時期です。
町山　ギャングと任俠と時代劇しかやったことなかった。
春日　とにかく任俠ものばかりやらされてて、本人はもう嫌だったんですよ。東映から離れたかったたし、岡田茂社長とやくざ路線をつくった俊藤（浩滋）プロデューサーがすごく喧嘩して、それに高倉健さんも巻き込まれたところもあって、東映から心がどんどん離れていく。一方で任俠映画ばかりやらされてるから、もうそういうのはやりたくない。何かできないかと思ってる状況がもともとあったんです。だから『ゴルゴ13』（'73）とか佐藤純彌監督でやったりしてたんですけど。この映画で高倉健は犯人役なんですけど、もともと犯人役は菅原文太に話が来たんですよ。ところが菅原文太は嫌だと。この映画の主役として話が来てるけど、主役は俺じゃなくて新幹線だと。だから俺はこの映画はやりたくないと言うわけです。次に高倉健に話を持っていくわけですよね。そしたら健さんは「俺が出る」と言って、出ることに。
町山　高倉健は東京の町工場の経営者なんだけど、経営難で潰れて、奥さんは出て行って、子どもとも離れて暮らしている寂しい中年男。一攫《いっかく》千金を狙って新幹線爆破の計画を立てる。本職ではスピードメーターをつくっていた。
春日　構造をわかってる。

町山　だからすぐに足がつくよね。けっこうやばい橋を渡ってるんだけど、身代金を取ったらすぐに外国に高飛びするつもりだった。

絶妙なキャスティング

春日　このキャスティングが冴えてると言っていいんじゃないですかね。
町山　爆弾を調達したのは元過激派の山本圭。*7 この人はいつも左翼の役。
春日　ミスター左翼。
町山　七〇年安保闘争で負けて、公安や内ゲバから逃げながら女の部屋で暮らしてるような男です。
春日　前髪を基本的にゲゲゲの鬼太郎のように垂らして、唇を震わせながら台詞《せりふ》を言う。
町山　果たせなかった革命の夢を語り続ける左翼崩れ。山本圭はいつも同じ。
春日　僕もそう思って本人にそういう話をしたんですよ。「共産党員とか左翼崩れの役が多いですよね」って。そしたら「俺、そんなにやってないよ」って。

＊7　俳優座出身。青春ドラマ『若者たち』（'66）で人気を博す。ナイーブな青年や左翼青年をよく演じる。映画『戦争と人間』（'71、'73）『皇帝のいない八月』（'78）など。

町山　いや、やってるから。テレビドラマ『若者たち』（'66）からずっと。テレビ版の『白昼の死角』（'79）とか。
春日　時代劇ですが『人斬り』（'69 五社英雄監督、「時代劇編」参照）もそんな感じです。あと『鬼龍院花子の生涯』（'82 同）も。『戦争と人間』（'71、'73 山本薩夫監督）も。
町山　そして新幹線の管制官が宇津井健さん[*8]。もともと新東宝から大映に行った人。
春日　『ザ・ガードマン』（'65～'71）とか大映ドラマを中心に出ています。
町山　大映ドラマといえば宇津井健ですよね。
春日　『ザ・ガードマン』があり、その後、山口百恵のドラマ『赤い』シリーズ（'74～'80）。
これは宇津井健さんが初めて東映に出た。
町山　そして青木君、爆弾をしかけられた新幹線の運転士が千葉真一[*9]。
春日　アクションが得意ですが、今回はずっと座りっぱなし。
町山　『新幹線大爆破』に千葉ちゃんが出ると聞いたから、疾走する新幹線の上を這《は》ったりとか新幹線の下を潜ったりするのかと思ってたよ。
春日　セガール的な。
町山　ところが空手も使わない。
春日　運転してるだけですけど、あの顔の迫力で緊迫感が出てくる。関根さんの真似が違うにしても、この二人のやりとりでもっていきますよね。
町山　そして丹波哲郎さんが警察庁刑事部長。まあ、文鎮みたいなものです。映画に威厳をつけるためにとりあえず置いてます。新幹線に乗ってる鉄道公安官が竜雷太[*10]。この人は当時、テレビドラマ『太陽にほえろ！』（'72～'82）のゴリさんでした。ゴリ押しする刑事だからゴリさん。で、爆弾の調達をした郷鍈治《ごうえいじ》[*11]さんを「ごらぁ、お前、吐け、ごらぁ！」とやるんですけど、それはゴリさんだから！って思いました。そして、犯人と身代金の受け渡しなどをする刑事が青木義朗《よしろう》[*12]。『特別機動捜査隊』（'61～'77）という東映の刑事ドラマで主役の三船刑事を演じた人です。刑事の一人には黒部進[*13]もいます。『ウルトラマン』（'66

＊8　新東宝、大映での映画出演を経て『ザ・ガードマン』（'65～'71）『赤い』シリーズ（'74～'80）などのテレビドラマで人気に。
＊9　日本を代表するアクションスター。『戦国自衛隊』（'79）『魔界転生』（'81）など。
＊10　映画出演作に『遺産相続』（'90）『劇場版ＳＰＥＣ』シリーズ（'12～'13）など。
＊11　映画やテレビのアクションものに主に悪役で出演。兄は宍戸錠。
＊12　刑事ドラマ『特別機動捜査隊』（'69～'77）のほか、『水戸黄門』『暴れん坊将軍』などテレビ時代劇の悪役で知られる。
＊13　のち、時代劇や刑事もので主に悪役を演じる。東宝特撮映画にも多く出演。

〜'67）で、ウルトラマンに変身するハヤタ隊員。まだまだいますよ。刑事の一人が中田博久[14]。この人は『キャプテンウルトラ』（'67）で主役のキャプテンウルトラ。しかも志村喬《たかし》が国鉄総裁。
春日　北大路欣也もそうですね。一瞬しか映らないんですけど。
町山　北大路欣也はこの頃、テレビの『新宿警察』（'75〜'76）でやっぱり刑事。すげえキャスティングだわ、これ！　新幹線より地球救ったほうがいいだろ！
春日　もう一人、最強の女性がいますよ。
町山　志穂美《しほみ》悦子[15]、予告編ではバーン！って一枚看板で出てきます。あと、多岐川裕美[16]もバーン！　見てみたら、悦ちゃんは電話の交換手で「はい、係につなぎます」で終わり。多岐川裕美さんは空港の受付係。一瞬しか出ない。ポスターにはばっちり顔が入ってるのに。あと、岩城滉一[17]が新幹線で移動中のロックバンドのメンバーなんですが、台詞ないんですよ。もったいないねえ。岩城滉一はバイクで新幹線追っかけたりしなきゃねえ。

公開まで時間がない……突貫作業が招いた災い

春日　この映画は国鉄の許可が出るのが遅かったので、撮影に五週間しかなかったんですね。で、なんと完成したのが公開三日前だった。だから予告編も含めて追いつかなかった。

東映はよくやることなんですけど、ありものの別の作品からシーンを持ってきて予告をつくる。だから『新幹線大爆破』の予告編はミニチュアの爆発とビューンと走るところをやたらと使ってるんですよね。試写もほとんどできなかった状況らしいんですよ。
町山　僕は新宿東映で見たんですけど、お客さんは入ってました。ただ併映が『ずうとるび』（『ずうとるび 前進！前進！大前進!!』三堀篤監督）だったんです。当時、「みかん色の恋」で紅白出たりしてたんで。
春日　本当は一本立ての大作として企画されたはずなんですけど、東映はそれをやってこなかったもので、最後の最後で営業側が日和《ひよ》るんですよ。ずっと二本立ての短期間の上映で、『仁義なき戦い』ですらそうだったから。何かやっぱりもう一本加えないと怖いねっていう。
町山　申し訳ないけど、『ずうとるび』のほうは見ませんでした。見とけば話のネタにな

＊14　テレビドラマ『キャプテンウルトラ』（'67）でヒーローを演じた後、個性派悪役として活躍。
＊15　『女必殺拳』シリーズ（'74〜'75）『柳生一族の陰謀』（'78）などアクション女優として活躍。
＊16　東映『聖獣学園』（'74）『仁義の墓場』（'75）、テレビドラマ『鬼平犯科帳』（'89〜'16）など。
＊17　本作でデビュー後『爆発！暴走族』（'75）など『暴走族』シリーズ（〜'76）に主演。

ったのにと今では思うけど、『新幹線大爆破』だけで二時間半あるから。
春日　杉作J太郎さんの佐藤監督のインタビューを見てると、最終的に『ずうとるび』を入れたことが足を引っ張ったそうです。併映をやることを考えずに二時間半の超大作になってますから。しかも完成したのが三日前ですから、カットすることもできない。興行の仕方としては悲劇的だったですね。

世界的にはヒット！　佐藤純彌は一躍大作映画監督に

町山　日本での興行は苦しんだけど、その後世界的に有名な作品になりました。佐藤純彌監督はこの後、日本では唯一と言っていいアクション大作の専門監督になっていきますね。
春日　すごいのはこの映画を五週間で撮り終えたということが一つ大きな実績になって、どんな大変な大作でも佐藤監督に預ければ、ちゃんと予算と時間内におさまるということに。それで角川春樹[*18]や徳間康快《やすよし》[*19]が佐藤監督に任せていきます。
町山　この後、徳間で撮ったのが『君よ憤怒の河を渉れ』（'76）。その後に『人間の証明』（'77）。
春日　それから何と言っても『敦煌《とんこう》』（'88）。
町山　『敦煌』！　超大作ですよ。ものすごい金額です。

春日　『おろしや国酔夢譚』（'92）。
町山　どんどんロシアの荒野に広がってもう。
春日　シベリアに行って。そして『北京原人 Who are you?』（'97）。
町山　オチをつけてどうする！
春日　『男たちの大和／YAMATO』（'05）もありますし。本当にすごい大作監督になっていきます。

『新幹線大爆破』の元ネタは？

町山　いくつかのサスペンスのうち、上りの新幹線との衝突を防ぐため、ポイントを通過するシーン。あそこで、宇津井健が「青木君、時速九〇キロに落とすんだ」と言って、千葉ちゃんが「俺たちを殺す気か！」と返すんですね。
春日　本当はあそこなんですよね。
町山　関根さんが真似してる場面。ポイントを通って、ギリギリで新幹線とすれ違って衝

＊18　角川書店社長として、メディアミックスを推進。映画製作のほか監督も手掛ける。
＊19　徳間書店社長、大映社長。『風の谷のナウシカ』（'84）などを製作。

突を回避する。あれ、黒澤明の『暴走機関車』でしょ。
春日　はあ、そうか！
町山　『暴走機関車』は六〇年代後半、黒澤明がハリウッドで撮るはずだった映画で、スキー列車が暴走するサスペンス。その後、シナリオが流れ流れていって八五年にアンドレイ・コンチャロフスキー[*20]監督で映画化された時もポイント切り換えで衝突回避するシーンがあった。で、黒澤版『暴走機関車』のストーリーは当時から雑誌に載っているほど広く知られていたよね。
春日　シナリオは出回っていたわけだし。
町山　佐藤監督、この頃、たしか黒澤明と関わってると思うよ。
春日　あと東映自体が『トラ・トラ・トラ！』（'70 リチャード・フライシャー、舛田利雄、深作欣二監督）には関わってたし。佐藤監督はその時の黒澤のB班ですよ。
町山　だから『暴走機関車』の企画を知らないはずないよね。それを新幹線にしたのが『新幹線大爆破』じゃないのかな。
春日　やっぱり日本の娯楽映画は黒澤なんですね。
町山　しかも『新幹線大爆破』の身代金受け渡しは明らかに黒澤の『天国と地獄』（'63）を意識している。黒澤の『天国と地獄』は、走る特急こだま号の窓から身代金を落とす。

『新幹線大爆破』では長瀞《ながとろ》ライン下りの船の上から身代金を引き渡す。
春日　あれは完全にそうですね。

随所に見られる〝東映っぽさ〟

町山　ただ、なぜかそこに偶然、大学の柔道部が通りかかる。「ワッセワッセワッセワッセ」って。青木義朗が「そこに犯人がいるから捕まえてくれ」と頼んだことでむちゃくちゃになっちゃう。
春日　あのへんのぐだぐだの感じが悪い意味で東映だなという。あそこと喫茶店のところは「東映だな〜」と思いますね。
町山　高倉健が、工場が潰れてかみさんが逃げたことを回想するところで「女のうらみ歌〜」みたいな演歌が流れたり、ダサいんですよ。山本圭が刑事に捕まるところも完全に偶然だし。まあ、『日本沈没』で「日本は沈没するかもしれん」と言った途端にぐらぐらとか、「抱いて」で火山ドカーンも似たようなもんですが。

＊20　旧ソ連の映画監督。『ワーニャ伯父さん』（'71）など。

キューブリックと黒澤

町山　高倉健は初めてヒーローでもなんでもない、社会の底に生きる男を演じていますが、おそらくスターリング・ヘイドン[*21]という俳優を意識していますね。スターリング・ヘイドンは『アスファルト・ジャングル』（’50）というジョン・ヒューストン[*22]監督のフィルムノワールで、食い詰めて宝石強奪をする男を演じています。『新幹線大爆破』と同じく、食い詰め者たちが集まってヤマを踏むんですが、みんな滅びていきます。スターリング・ヘイドンはその後、やっぱり食い詰めた奴らが競馬場の売り上げを強奪する映画にも出ています。スタンリー・キューブリック監督の『現金《げんなま》に体を張れ』（’56）。
春日　ああ、ラストが夜の空港で。
町山　そう、『新幹線大爆破』もそうなんですよ。空港で全てが終わる。だから『新幹線大爆破』は黒澤とキューブリックという世界の二大巨匠を下敷きにしてるのではないかと。
春日　僕は『新幹線』を先に見てたので、『現金に体を張れ』を見たときにウワー！と思って。空港のシークエンスが同じ。あと健さんの空港での衣装とか佇《たたず》まいがまったく同じですからね。
町山　でしょ。構成も似てるね。『現金に体を張れ』は強奪に参加する連中の、そこに至った背景をカットバックで見せていくけど、『新幹線大爆破』もそうだから。高倉健の弟分が沖縄からの集団就職だったり。彼らの悲惨な過去がだんだんわかっていく。

『天国と地獄』を裏返しにした演出も……

町山　あとね、『天国と地獄』で公開当時に問題になったのは、仲代達矢扮する刑事が誘拐犯を捕まえるために報道管制をして、犯人を泳がせるけど、『新幹線大爆破』でも、爆弾が解除された後も、犯人を罠にはめるために、報道管制して爆弾解除を隠すでしょ。そのへんも似てますね。
春日　そうですね。ここで宇津井健が揉めますもんね。
町山　その前に新幹線爆破が防げないとあきらめた国鉄側が、博多に突っ込んで爆発したら大惨事になるから、その前に誰もいないところで爆発させて乗客一五〇〇人を犠牲にしろと言う。宇津井健は「私はそれは絶対にできません」と言って命令を拒否する。でも、「私は一瞬でも一五〇〇人を犠牲にしようと考えました。国鉄マンとして失格です」と言って辞めていく。一方、上層部は彼を撮影したビデオを利用して犯人に呼びかける。「一

＊21　『博士の異常な愛情』（'64）など。後に脇役に転じた。
＊22　アメリカの映画監督。『マルタの鷹』（'41）『アフリカの女王』（'51）など。

五〇〇〇人の命が君にかかっている」と。高倉健はそれを見て爆弾解除の方法を教えるために空港から電話して、刑事に見つかってしまう。これは『天国と地獄』に対するアンチテーゼだと思うんですよ。仲代達矢は誘拐犯を死刑にしたいから逮捕できるのに泳がせて、新たな殺人をさせる。性悪説だよね。『新幹線大爆破』では……。
春日　犯人の善意を逆手に取るわけですね。
町山　そう。高倉健は根はいい人だから。犯人には善意があるの。で、警察は、高倉健の息子を連れてきて犯人を特定しようとする。すると高倉健を見た息子が「知らないおじちゃんだよ」と言う。
春日　『鬼畜』[*23]？
町山　だよねえ。松本清張の小説『鬼畜』は五七年に出版されてるからね。
春日　映画化（野村芳太郎監督）は七八年ですが。
町山　東映はダサいんだけど、ダサいぶん負け犬に共感を寄せる。実際、日本の町工場は六〇年代までは景気良かったけど、七〇年代以降は人件費の安い韓国とかに仕事を取られて衰退していった背景がある。罪を犯すには理由があるんだと描く。それに対して『天国と地獄』は犯罪者に同情しない。
春日　三船敏郎扮する靴工場の専務の邸宅に見下ろされていた、くらいですね。

町山　三船も実は貧しい出身で、苦労して成功した。犯人の山崎努が貧しいからといって、貧しい者全てが犯罪者になるわけじゃない。やっぱり彼は負けたんだと突き放す。
春日　黒澤は悪には共感を示さない。
町山　『新幹線大爆破』は高倉健を同情すべき、一種の主人公として描く。
春日　完全に裏表なんですね。そうか。
町山　そういう意味で『天国と地獄』に明らかに影響を受けていると思う。
春日　もともと東映は京都と東京に二つ撮影所があって、京都というのはマキノ雅弘[*24]たち、牧野一族が基盤をつくっていて、大衆娯楽を追求した撮影所なんです。で、東京はというと、これは東京撮影所で育った降旗康男監督[*25]に訊いたら、「レッドパージされた人たちがつくった」と。今井正《ただし》[*26]、山本薩夫（第一章参照）、関川秀雄であったりが作風の基盤をつく

＊23　愛人との間にできた子どもと父の壮絶な関係が描かれる。
＊24　日本映画の基礎を固めた。『浪人街』シリーズ（'28〜'29）『日本侠客伝』シリーズ（'64〜'69）など二五〇本以上を監督。著書に『マキノ雅弘自伝 映画渡世・天の巻・地の巻』。
＊25　東映の映画監督。高倉健とのコンビ『新網走番外地』シリーズ（'69〜'72）や『鉄道員（ぽっぽや）』（'99）など。
＊26　『真昼の暗黒』（'56）『武士道残酷物語』（'63）など数多くの社会派映画を手掛けた。

った会社だから、もともと反体制的な社会派の現代劇というのがあって。反体制の現代劇こそ東映東京のイデオロギーであるというのが元々あるらしいんです。だから同じ深作欣二監督でも、京都で撮ると『仁義なき戦い』になるんですけど、東京で撮ると『現代やくざ 人斬り与太』（'72）や『仁義の墓場』（'75）というすごくぶっ飛んだ作品になる。
町山 アンチヒーローの話だね。
春日 実は社会的なメッセージを入れていくのは東映東京の伝統でなんですよね。だからここでの健さんの設定も、黒澤明的に対するアンチテーゼも、当然のことといえると思います。なんせ元が今井正、山本薩夫……。
町山 ド左翼監督。
春日 日本共産党系の監督で育った撮影所なので。だから犯人グループに山本圭がいるわけですよ。そしてこの人を正義として扱う。
町山 博多市民を救うために新幹線を止めて乗客を犠牲にしろという選択は、いわゆるトロッコ問題だよね。宇津井健は選べない。「私は一回でも新幹線を止めようと思ったから、私は国鉄マンとして失格だ」と言う。両方救おうとするのがヒーローだから。だから関根さん、宇津井健は「新幹線を止めるんだ」とは絶対に言わない人なんだよ！

第七章

『MIFUNE : THE LAST SAMURAI』
——サムライではない、三船敏郎の優しい素顔

★俳優・三船敏郎の生涯と業績に迫るドキュメンタリー映画。共演者からスタッフ、三船に魅せられた海外の監督まで、様々な人々の言葉から〝世界のミフネ〟の真実に迫る。
公二〇一八年五月一二日 製セディックイターナショナル＝電通＝TOKYO MX＝中央映画貿易 配HIGH BROW CINEMA 時八〇分
監スティーヴン・オカザキ 脚スティーヴン・オカザキ、スチュアート・ガルブレイズ四世 原（原案）松田美智子 企中沢敏明、白石統一郎 製田中渉、河内功、星野岳志 プ厨子健介、木藤幸江、スティーヴン・オカザキ、後藤太郎、三船力也（コンサルティングプロデューサー） 撮日名透、石川泰之 音ジェフリー・ウッド 出香川京子／司葉子／土屋嘉男／加藤武／八千草薫／野上照代／宇仁貫三／スティーヴン・スピルバーグ／マーティン・スコセッシ

率先して掃除をする人

町山　スティーヴン・オカザキ監督[*1]のドキュメンタリー映画『MIFUNE』（'18）、いかがでした？
春日　三船敏郎（第三章も参照）の入門として適していると思いました。三船を知らない人が見たときにコンパクトな時間で理解ができる内容になっているかなという。
町山　インタビューされている人のなかに去年（二〇一七年）亡くなった方が三人もいるのが悲しかったです。土屋嘉男[*2]さんとか。
春日　それから、夏木陽介[*3]さん、中島春雄[*4]さん。その前に加藤武さん（第三章参照）も亡くなっている。（この対談収録の半年後に殺陣師《たて》の宇仁貫三《うに》[*5]も死去）。それで見ていて感慨深いというか、しみじみしてしまう部分がありました。

＊1　日系三世の映画監督。『ヒロシマ　ナガサキ』（'07）など。
＊2　『七人の侍』（'54）以降、黒澤組の常連に。東宝特撮映画にも多く出演。
＊3　『独立愚連隊』（'59）『用心棒』（'61）、テレビドラマ『青春とはなんだ』（'65～'66）など。
＊4　『ゴジラ』（'54）など、東宝特撮映画で多くの怪獣を演じた。著書に『怪獣人生』。
＊5　殺陣師。『ゴジラ』シリーズや、テレビドラマ『鬼平犯科帳』『剣客商売』『太陽にほえろ！』各シリーズなど。

町山　僕は中島春雄さんが三船さんとすごく親しかったというのがいい話だなと思いました。中島春雄さんはゴジラの着ぐるみアクターとして知られていますが、いわゆる大部屋俳優ですからね。スターのなかには、大部屋と言われている社員のエキストラ、役名のないような人たちを大事にしない俳優も多いので。
春日　ヒエラルキーをつくることをスターの証《あかし》とする人もいるんですよね。
町山　「飲みに行くときは女を用意しろ」みたいな。でも三船さんはそういう人じゃなかった。
春日　そうなんですよね。スターって当時は歌舞伎からのシステムの流れがあるから、取り巻きがいてスターとして崇《あが》める。たとえば若山富三郎だったら、座って煙草が欲しいとなったら、煙草を差し出す人、火を点《つ》ける人、椅子に座らせる人、全部決まっていた。三船が初めて東映京都に行ったとき、一人で来たから京都の人たちが驚いたといいます。現場でも自分で椅子を持ってきて。そういう意味でも、三船敏郎って戦後のスターの最初の人ともいえます。戦前の文化を引きずっているヒエラルキー型じゃなかった。
町山　そう、大部屋俳優はスターと目も合わせちゃいけないような世界だったのに、三船さんが中島春雄さんと同等に接していた。それがいいなと。土屋嘉男さんだって大スターじゃないんですよ。格が全然違うんだけど、ものすごく仲良くしてたとか、そういうところで三船さんの人柄がよくわかる。
春日　実際にいろんな方にインタビューしても、みんな同じ答えが返ってくるんですよ。気遣いの人だっていう。ですから三船プロでお仕事をした人が必ず言うエピソードが、三船プロに行くと朝から三船敏郎が掃除をしていると。それを見て驚くというところから始まる。
町山　三船さんといえば掃除。どの伝記やインタビューを読んでも、皆が飲み会で飲んだ後、ベロベロに酔っぱらっててもグラスを洗ったりしてると書かれている。すごい。
春日　ロケ地でも、三船プロの作品だったら最初に着いて、ロケ地の道ならしとかそういうのをしている。
町山　『県警対組織暴力』[*6]（'75　深作欣二監督）って三船さんとは関係ない東映映画だけど、あれで菅原文太が松方弘樹に惚れるのが、ご飯を食べさせた後、松方弘樹が一生懸命流しで自分の使ったお茶碗を洗うのを見たから。
春日　まさにそれですね。あの三船敏郎がこんなことをやってくれるのかって。

＊6　東映時代劇ややくざ映画に数多く出演。『893愚連隊』（'66）『仁義なき戦い』シリーズ（'73～'74）など。

町山　世界のミフネが自分たちの使ったグラスを洗ってくれるんですから。
春日　特に映画を見ると三船敏郎って圧倒的に存在感がある人ですから、皆どこかで恐れているだろうし、〝世界のミフネ〟という意識でいるのに、会うと庶民性を出してくるので、まずそこで驚く人が多いわけですよね。

勉強家

町山　まず、東宝のニューフェイス[*7]の面接を受けた時、ケモノのようだったという伝説がありますね。
春日　黒澤明が「猛獣がいるかと思った」という表現をしてますからね。
町山　それと『七人の侍』（'54）の菊千代のイメージで野生児みたいな人だと思っていたら、実は全然違う。
春日　今回のドキュメントにありますけど、もともと役者を目指していたわけじゃなくてカメラ助手になりたくて、でも入る道がないからしょうがなく役者から入って、本当はカメラのほうに移りたかったけど移れなかったという人ですからね。
町山　台本にも演技メモをものすごく書き込んで徹底的に分析してたといいますね。だから、黒澤明監督は他の人には細かく演技を指導するのに、三船さんにだけは自由にさせた。

三船さんは自分でつくってくるから。
春日　『七人の侍』のときでも三船さんには好きなようにやっていいと言ってるし、下調べがすごい人なんです。
町山　勉強家。
春日　『毎日ムック　三船敏郎　さいごのサムライ』での熊井啓監督[*8]のインタビューにこんなエピソードがありました。三船は基本的に現場に台本を持ってこないんだけど、一回だけ持ってきたことがあると。なんで持ってきたかというと、「侘び茶」について台本に「佗び茶」と書かれていたと。辞書で調べたら線が一つ多くて「佗」になっていたと。この二つにニュアンスの違いがあるのかということを訊《き》いてきたそうです。熊井監督の言う「佗び茶」の「佗び」と辞書の「侘び茶」の意味はどう違うのかと三船さんは訊いてきたらしくて。それ、ただの誤植なんですよ。なんだけど、利休を演じる上で侘びの概念まで徹底的に考えたところ、漢字の違いにまで気づいてしまった。それくらい徹底的に考える人なんですよね。

＊7　東宝が行っていたオーディション。
＊8　社会派監督。『黒部の太陽』（'68）『サンダカン八番娼館　望郷』（'74、ベルリン映画祭銀熊賞）など。

町山　とにかく全台詞《せりふ》が入っていたから、現場に台本を持ってこなかった。丹波哲郎と逆ですね。
春日　でもね、丹波さんも二冊あった説があるんですよ。
町山　え、何それ？
春日　家で完全に台本を入れてきていて、現場で読んでるのは、頑張ってる自分を見せるのが恥ずかしいっていう。
町山　そうなんだ！　現場でカンペつくらせてたじゃないですか、丹波さん。
春日　そういう現場もあるんですけど、本気のときは……。
町山　本気丹波。
春日　『砂の器』（'74 野村芳太郎監督）だったり『智恵子抄』（'67 中村登監督）だったりのときは台詞が入ってるんです。山田洋次監督[*9]も言ってましたけど、一回も台詞が抜けることがなかったと。
町山　丹波の話はこのへんで（笑）。
春日　ただ、二人に共通する点があって。仲代達矢さんもおっしゃってましたけど、そういう年代のスターって自分が頑張ってるところを見せたがらないんですよ。

馬術をマスター

春日 三船敏郎の大きな謎が、なんでこんなに殺陣《たて》が上手くなったのか。
町山 それはどうしてなんですか。
春日 実はこれ、あまり明かされてなくて、本人もそんなに語ってないんですよね。ただ、いくつかのインタビューを調べていったら出てきた言葉があります。基本的には黒澤明なんですよ。黒澤の要求がかなり厳しかったというのがまずあって。『隠し砦の三悪人』（'58）で本格的にやるんです。
町山 『七人の侍』はでたらめな殺陣という設定だったから。
春日 そうなんですよ。その後で稲垣浩[*10]監督の『宮本武蔵』（'54）にも出ますが、やっぱりまだ剣法を知らない宮本武蔵なので、普通に剣を持って暴れてればよかった。
町山 振り回してるんですよね。剣を習ったことがない設定だからいいんだけど、その後、剣豪になっていく段階でちゃんとした殺陣が必要になっていくんですよね。

＊9 松竹を支えた映画監督。『男はつらいよ』シリーズ（'69〜'95）『たそがれ清兵衛』（'02）など。
＊10 日本映画を代表する監督の一人。『番場の忠太郎 瞼の母』（'31）『無法松の一生』（'43）『風林火山』（'69）など。

春日　後に三船敏郎と橋本忍（第三、五章も参照）が『アサヒグラフ増刊 黒澤明の世界』で対談してるんですけど、そのときに三船が言ってるのが「居合とか流鏑馬《やぶさめ》とか、黒澤さんは役者に要求するし妥協しません。役者を志しているんだったらこういうことは当然だと思ってる」と。ようはこの『隠し砦』のときに居合と流鏑馬を覚えさせられている。実際の馬場に通って馬術は全部マスターしたんですが、そのときまで馬をやったことがなかった。
町山　でも『隠し砦』の乗馬はすごいですよ。
春日　そうなんです。本当に馬の達人かと思ってしまう。馬上での殺陣という前代未聞のことをやる。馬に跨《また》がって敵と戦う。
町山　手綱《たづな》を持たないで――。
春日　馬上で大上段に構えて斬る。ものすごい危険な殺陣をやるわけですけど、あれは実は初めて馬に乗ってるんですよね。
町山　初めてなんだ。
春日　黒澤がこのとき言ったのが「お前、馬に乗れないんだったら代わりの人に頼むけど、馬に乗る役にあたったら馬を勉強しなきゃいけないいな」と。
町山　そのとき初めて勉強してるんだ。

春日　何度も落馬しながら。だからあのとき、体は満身創痍《そうい》だったらしいです。居合もそのとき覚えて。だから殺陣の流儀というよりは、武将としてのトレーニングをやらされていたみたいで。ご本人が言っていたのは、生爪どころか満身創痍だと。だから「これはどのときの傷だ」と言えるくらい、戦国武将のようだったという言い方をしていて。そうやって傷つきながら覚えていった。そのくらい黒澤明の要求に応えるためにやっていった部分があるんですね。
町山　師匠は誰なんですか。
春日　居合に関しては達人から習ったらしいです。
町山　見せる殺陣じゃなくて、本物の居合の、本当に人を斬る技術ですね。

殺陣の革新

春日　黒澤明の『用心棒』（'61）で本格的にそういう殺陣が始まっていくわけです。今回のドキュメントでもありましたけど、見得を切る様式的な殺陣を黒澤は拒否するわけです。今までの時代劇の殺陣を変えるんだということで、三船敏郎を使って変えていくわけです。
町山　そうか。まったく新しいものだから、それまでの殺陣を習ってもしょうがないわけだ。それまではいわゆるチャンバラだったし。

春日　そうなんです。変える必要があったので、殺陣師に習ったらだめなんです。
町山　演劇的な殺陣になっちゃうから。
春日　それまでの殺陣って基本的には三つの要素で構成されています。それは「型」と「表情」と「間」。型って何かというと、ひと言で表すと「米」の字。たとえば仲代達矢さんが初めて時代劇をやったときに（中村）錦之助に教わったらしいんですけど、「米」の字を書けば勝手に周りが倒れてくれる、と。「米」の字って何かというと、横に斬る、縦に斬る、右方上から左方下に向かって斜めに袈裟《けさ》を斬る、そして逆袈裟を斬る。この五つの手しかないんですよ。これを間と表情との組み合わせによってどう表現していくかというのが主人公の殺陣だったんですけど、黒澤はそれを嫌がった。本物の居合のやり方であったりとか体を張ったアクションの要素を入れていく。そして、それは三船敏郎という人がいたからできたわけです。今まで様式でやっていた殺陣をアクションに変えられた。
町山　前例がないからゼロから始めるしかなかったんですね。
春日　そうなんですよ。今までは斬られ役がいて、斬られる役は斬られるためにかかってくるんですけど、黒澤が言うのは「斬られるために行くな、斬りに行け」と。斬られることを前提に行っちゃいけないと。その迫力を出さなきゃいけないからですね。立ち回りをやるとき、東映の時代劇なんか見ればわかりますけど、斬られ役が「ここを斬ってください」という構え方で斬りに行くんですけど、それじゃないんだと。実際のやり方でやらないといけない。そういう迫力をもたせる。
逆に三船からすると大変だった。ご本人が言っていたのは「心臓が破裂する思いだった」と。自分から追いかけていって斬る。普通は主人公はあまり動かないわけです。斬りにかかってくるのを迎え撃つかたちで斬るから、錦之介が言うようにそれを米の字で斬っていればよかった。でも三船は自分から斬りに行く。自分から斬りに行くということはそれだけの身体能力がないとできないので、これは三船の身体能力あってこそで、黒澤明は三船敏郎を手に入れた段階でいずれこれができる、そこまで三船を育てたいという意識をもっていて、一〇年がかりで『用心棒』までもっていったと思います。

リアルも様式も

町山　実は三船は黒澤と同時に稲垣浩監督の時代劇にもたくさん出ているんですよ。ほとんど同時に行ったり来たりしながら出てるんですけど、ほとんど同時期の映画とは思えないくらい違うんですよ、稲垣浩監督の殺陣は。昔のチャンバラなんですよ。
春日　そうですね。特に引きの画《え》で撮って。テンポも緩い。
町山　刀が撫でてる感じで。斬られ役が「うっ」って立ったまま天を仰いだりするんですよ。
春日　『宮本武蔵』で三船が二刀流を構えるときも、歌舞伎的な見得を切って構えてますよね。これは稲垣浩が戦前からの時代劇を撮ってきた監督なのもあるでしょう。
町山　伝統的様式美。三船はそれも同時にやってる。黒澤映画と比べると驚くほど古臭い。
春日　結果的に稲垣浩とやってよかったと思うのが、そこです。つまり黒澤明の『隠し砦』みたいな殺陣だけやってたら、『用心棒』はできなかったんですよ。間の使い方とか斬り方のかっこよさ。溜め。そうした映像として「様《さま》」になる感じは様式の殺陣を覚えてるからこそできることなんです。三船敏郎は稲垣浩と組みながら様式の殺陣を覚えていき、黒澤明と組んでアクションとしての殺陣を覚えていき、それが『用心棒』という完成形を迎える。『用心棒』を見て東映の人たちは驚くわけですけど、なんでかというと様式としてもかっこいいんですよ。構えも残心も、一つ一つが「様」になっている。
町山　溜めがすごいんですよね、『用心棒』は。西部劇の決闘的な溜めですけどね。
春日　『椿三十郎』（'62）もそうですけど、ギリギリまで溜めて溜めて一気にいくという緩急ですね。これは実際の武道や身体を張ったアクションだけではできない部分で、様式をちゃんと知っているからこそ。緩急であったり斬っているときの腰の落ち着きであったりとか。

町山　リアリティだけじゃないんですね。
春日　つい三船の殺陣について語るときは「殺陣にアクションとしての革命を起こした」という話になりがちですけど、一八〇度変えたというよりは、それまでの殺陣の要素に新たに加えてきたという感じなんですよね。それまでの殺陣に融合が起きたからこそ大きな完成形になっていたんじゃないかと思います。

『椿三十郎』の決闘

町山　黒澤は三船に演出しないわけだから、黒澤映画における三船は自分で演出してることになる。そもそもつくる側になりたかった人だし。
春日　もともとカメラ助手になりたかった人だから、引いた視点を持ってる人ではありますね。
町山　カメラマンの視点を持ってる俳優だった。
春日　だから『椿三十郎』のラスト、仲代達矢との一騎打ちのシーンなんかも、あの手は三船が自分で考えてるんですよね。黒澤明は「仲代は刀を上げて振り下ろす。振り下ろす直前に三船は仲代の懐に入り込んで、振り下ろされる前に斬る」ということだけを指示して、あとはお互い別々に稽古させてます。

町山　あとはお任せ。
春日　当時二九歳くらいの若い仲代達矢ですから、すごい勢いで振り下ろしてくるだろうと三船敏郎は考えて、それで黒澤や殺陣師の久世竜*11とかとどう殺陣をやるかといろいろ考えたんですけど、だめだ、これだと仲代に斬られちゃう、斬られちゃう、と拒否して、自分で考えてきたのが普通に斬り上げるんじゃなくて、逆手で刀を抜いて、そのまま返して斬りにいかず、もう一つの手で押して急所を刺すというやり方です。実際にそういう剣法があったらしいんですけど、刀を返さないから速いんですよ。剣術というより殺人術です。
町山　左手で切っ先を押し上げてる。
春日　そのスピードで振り下ろしてくる仲代達矢に対抗する唯一の手段だということで。
町山　心臓直撃してますからね。
春日　三船敏郎みずからが考えてきた手だったということで、みんな現場で驚いたそうです。そういうことを考えることができた人なわけですよね。

監督としての三船

町山　もしかしたら監督になったかもしれない人なんですね。
春日　でも、野上照代*12さん——黒澤明のスクリプターをずっとやっていた方ですが、このドキュメントの中でも言ってましたが、三船さんは監督は無理だったと。
町山　人に気を遣いすぎるから。
春日　監督というのは、この中でもマーティン・スコセッシ[*13]が言ってましたけど、なぜ黒澤映画に迫力があるかというと危険なことをやっているからだと。平気でそれをやらせる人じゃないと監督はいい映画を撮れない。スタッフや役者に気を遣っちゃう人はどこかで画がぬるくなるんですよね。
町山　まあね。『蜘蛛巣城《くものすじょう》』（'57）で矢で射られたのは三船さんもずっとトラウマになったみたいですね。悪夢を見たりとか。
春日　他にもひどい目に遭ってる。仲代さんもそうですが、黒澤組では役者はみんなひどい目に遭ってます。それをやらせちゃうのが黒澤なんですよね。でも三船は『五十万人の遺産』（'63）という唯一の監督作がありますけど、そのときに「カット割りをするとスタ

＊11　リアリズムに則った殺陣で黒澤作品で活躍。『隠し砦の三悪人』（'58）『用心棒』（'61）など。
＊12　黒澤組のスクリプター。著書に『完本 天気待ち 監督・黒澤明とともに』など。
＊13　アメリカの映画監督。『タクシードライバー』（'76）など。黒澤の『夢』（'90）にゴッホ役で出演。

ッフがその分大変だからワンカットで撮っちゃおう」とか、そういうことを言うんですよ。
町山　気遣いしすぎなんだ。
春日　あと、自分がＣＭに出てるスポンサーの飲み物を飲んだりとか。
町山　タイアップじゃないのにアリナミンＡを飲むシーンを入れたと。
春日　『五十万人の遺産』は編集を黒澤明がやってるんですけど、それを黒澤が見てこのシーンは要らねえだろと言ってアリナミンＡを切っちゃうんですけど、三船はそれをもう一回撮り直すんですよね。
町山　それはスポンサーに気を遣って？
春日　ええ。だから『五十万人の遺産』ってだらっとした変な映画なんですよ。
町山　映画って現場に行くと思うんですけど、すぐオーケー出しちゃう監督と粘る人で全然違うんですよ。すぐオーケー出す人はこのシーンのためにこれだけのスタッフがやってくれてるんだからオーケー出さなきゃと気を遣って妥協しちゃうんですけど、気にしない人は「はい、だめ、もう一回。もう一回」って撮り直す。
春日　黒澤明、深作欣二、そういう人たちはそれを平気でやっていくんですよね。野上さんが言ってましたけど、監督が先に来て掃除して、そういう三船ではだめなんですよね。
町山　暴君みたいな人じゃないと監督は無理だと。

春日　役者とかに椅子を差し出すようだったら監督はできないだろうということで。

三船VS仲代

町山　仲代達矢さんとは何度も対決してますね。『用心棒』、『椿三十郎』。
春日　あと『上意討ち　拝領妻始末』（'67　小林正樹監督）ですね。
町山　このドキュメント映画には『上意討ち』は出てきませんでしたけど、小林正樹監督なのですごく重い時代劇なんですが、大好きな場面があるんです。三船敏郎が、殺されちゃった自分の息子の子どもを抱えてそれを脱出させようという話なんですけど、追ってくる仲代達矢は体制側なんですよ。ところが仲代は、三船が抱いてる赤ちゃんを見て「ああ、可愛いな」って、二人でね。
春日　あやしてるんですよね。戦う直前にね。
町山　「可愛い」「可愛い」って。あのシーンがすごくいい。
春日　「俺が死んだら代わりに育ててくれ」みたいなことを言って。
町山　これから一対一で対決してどっちかが死ぬけども「生き残ったほうがこの赤ちゃんを育てよう」と言ってから対決する。
春日　潤いがある。

黒澤の理想を託す存在に

町山 実は僕、黒澤作品の『赤ひげ』（'65）ってあまり好きじゃないんですよ。できすぎで。
春日 そうですよね。圧倒的存在としていますからね。
町山 そう、できすぎなんですよ。初期の頃の『七人の侍』の菊千代はダメ人間でね、でも人情があって、親を殺された赤ちゃんを抱いて、「この子は俺だ！」と言う。自分も孤児だから。あっちのほうがすごく好きで。剣豪とか大先生よりも。
春日 『隠し砦』以降ですね。
町山 〝世界のミフネ〟って感じで。
春日 〝グレート・ミフネ〟な感じ。黒澤明も意図的に変えてますよね。最初は未熟な青年役をさせて。
町山 『酔《よ》いどれ天使』（'48）では若いやくざなんですよね。
春日 そして、そのとき必ず志村喬《たかし》が横にいるんです。
町山 志村喬が父親代わりの医者でね。実生活でも父のいない三船の父代わりだったと。
春日 先輩であり師匠として必ず横にいる。『野良犬』（'49）『七人の侍』もそうですね。黒澤の視点は志村喬で、三船敏郎の成長を見守る側に黒澤がいるんですけど、三船がどんどん役者として育ったときに今度は黒澤は三船にログインするんですよね。自分自身の理想をどんどん三船に仮託していく。『赤ひげ』がその頂点。
町山　黒澤明作品の志村喬は、黒澤自身の投影なんだよね。だから『七人の侍』で、村を組織化していく志村喬は、映画を監督する黒澤自身にも見えてくる。三船をかわいがる志村もね。ところがだんだん志村さんの立場を三船さんがやるようになっていく。
春日　最終的に『赤ひげ』は、加山雄三がかつての三船敏郎の位置にいくわけですもんね。
町山　『酔いどれ天使』で志村喬がやった医者の役を三船がやる。代替わりみたいな。
春日　それくらい黒澤明が描きたい大正義を三船敏郎の中に入れていく。三船は大スターとしても役者としても育っていますから、圧倒的存在でそれを受け止める。それで庶民性や人間性というものからどんどん離れて、神に近い存在になっていくわけですよね。
町山　圧倒的に強くて。でもそれって……『MIFUNE』の中で土屋嘉男さんが言いますよね。
春日　三船敏郎が三船敏郎を演じていたということですね。自己模倣に入っていく。
町山　黒澤明につくられたスーパー三船の演技を三船敏郎さんが演じていたと土屋さんが言う。土屋さんは大部屋出身で、自分のような古くから三船さんを知っている者が知っている三船さんとは違うと言うんですね。

喜八作品の三船

町山　で、本当の三船さんが見られるのは、岡本喜八監督（第三、四章参照）の映画だと思うんですよ。
春日　ですよね。三船敏郎はそこですよ。黒澤じゃない部分を岡本喜八作品で出してきた。三船プロダクションという三船敏郎がつくったプロダクションの作品で岡本喜八と組み出しします。作品で言うと『侍』（'65）『血と砂』（'65）『赤毛』（'69）の三本を岡本喜八とやってますけど、いずれも共通する部分としてあるのが、組織にいいように使われて非業《ひごう》の最期を遂げてしまう男。黒澤明が描いたヒロイックな三船敏郎と違う。理不尽なものに敗れていく弱い人間というんですかね。一個人としての人間ドラマを描いていったのが実は岡本・三船コンビだったんですよね。
町山　岡本喜八は助監督時代から三船さんとすごく仲が良くて、三船さんの実像を完全に知っているんですね。だから黒澤につくられた虚像の三船じゃなくて、岡本喜八さんが知ってる本当の三船敏郎を見せようとする。すごく人情味溢《あふ》れる役が多い。
春日　あと体制に対する怒りとか苦しみ。他の三船プロダクションの作品、『上意討ち』『風林火山』（'69 稲垣浩監督）『新選組』（'69 沢島忠監督）全部そうなんですけど、全て敗れていく人間たちの話。これは三船敏郎自身の人生観というか――。

町山　戦争体験ですよね。
春日　岡本喜八ももちろんそういうのがあって、お互いきつい戦争体験をして復員して映画界に入ってきているわけですから、その想いをすごく込めている。
町山　文芸座の岡本喜八全作品上映で『侍』や『赤毛』を見たんだけど、『赤毛』ってアメリカン・ニューシネマみたいな映画ですね。赤報隊の話。朝日新聞を襲った悪い赤報隊のほうじゃないですよ。本物の赤報隊。
春日　幕末の。
町山　彼らは、官軍に参加した農民兵ですね。三船も、侍が威張っていた身分社会を壊して貧しい者たちの革命が起こるんだと信じて官軍に入る。
春日　庶民たちを味方につけるために薩摩藩が赤報隊という部隊を江戸に向かう先鋒隊としてつくって、「これから税金は安くなるぞ」と喧伝《けんでん》していくわけですよね。新政府に味方させるために。
町山　赤報隊が村々を回って「これから革命が起こって、貧しい人たちの世の中が来るぞ」と、プロパガンダをする。
春日　赤報隊は信じてるわけですよ、自分たちは庶民のために革命をしていると。その小隊長を三船敏郎がやってるんです。

町山　ところが明治維新というのは革命じゃなくて、ただの薩長によるクーデターだった。三船を利用する官軍の司令官は神山《こうやま》繁です。
春日　そういうときに赤報隊の存在が邪魔になってしまって、それで偽官軍として処刑されてしまう。
町山　そのときの三船敏郎が本当にいいんですよ。
春日　愚直なまでにまっすぐな人たちが潰されていく。
町山　「俺たち貧乏人の世の中が来るんだ！」とね。奥さんが岩下志麻[*14]さんですね。女郎屋に売られちゃって。
春日　それも鉄砲で撃たれてみんな死んでいく。

最高傑作『血と砂』

春日　岡本喜八と三船の組んだ作品で特に僕がいちばん好きなのが『血と砂』です。
町山　僕も三船敏郎さんの映画でいちばん好きなのは『血と砂』です。すごいですよね。
春日　日本映画全体でベストスリーに入ります。
町山　『血と砂』は日本の『プライベート・ライアン』（'98スティーヴン・スピルバーグ監督）だよね。

春日　僕は『週刊文春』での連載第一回に『血と砂』を選びました。そのくらい好きな作品。
町山　中国戦線が舞台で、荒野を軍楽隊の少年たちが「聖者の行進」を演奏しながら進んでいる。彼らは戦闘訓練を受けてないのに、大戦末期で人手不足だから前線に送られてくる。でも、銃を持ったこともないので、このままじゃ犬死にだから、かわいそうに思った軍曹の三船敏郎が少年たちの隊長として面倒を見ようとするんです。
春日　兵士として育てていくんですね。
町山　あいつらが死なないように立派な兵士に育てるんだと。ところが少年兵たちは決死の砦攻撃を命じられる。ついていくのは三船さんと佐藤允《まこと》と……。
春日　天本英世（第三章も参照）、伊藤雄之助（第三章も参照）という。
町山　すごい顔の人たちですけどね。
春日　独立愚連隊みたいな人たち。
町山　さらに三船に惚れた朝鮮人の慰安婦、団令子[*15]が追ってくる。お春さんというんですが。三船は彼女に、少年たちを抱いてやってくれと頼む。女の人の温《ぬく》もりを知らぬまま死

＊14　『心中天網島』（'69）『はなれ瞽女おりん』（'77）『極道の妻たち』シリーズ（'86〜'98）など。

んでいくのはかわいそうだからと。でも、ここで湿っぽくならない。少年たちは隊の女神である彼女のために「お春さん」という楽しい歌を合唱する。この映画、ジャズ・ミュージカルなんですよ。
春日　岡本喜八監督はジャズが大好きですから。でも、最後は敵の攻撃のなか、少年たちは戦死していきます。武器も何もなくなってしまって、楽器だけ吹き続けるんですけど、そこに爆撃されて、楽器の音が一個ずつ消えていくんです。音が一個減るのは、少年が一人命を落とすということ。
町山　太鼓の人が死んで太鼓の音がなくなっていく、トロンボーンの人が死んでトロンボーンの音がなくなって、どんどん音が減っていく。
春日　その分、爆撃の音が増えていくという演出なんですけど、これが三船敏郎の戦争体験そのものみたいな。
町山　完全にそうでしょう。
春日　三船敏郎自身が九州で特攻隊を送り出す教育係をやっていたんですよね。
町山　特攻隊はだんだん年齢が下がっていった。一七、八歳で死んでいく彼らの写真を一人一人、三船さんは撮らなきゃならなかった。
春日　松田美智子さんの書いた三船の評伝『サムライ』にあった三船自身の言葉でも「戦

争は無益の殺戮だった」と。基本的に三船プロダクションという自分のプロダクションで戦争を描くときは正義とかそういうのは関係なく、全て無益な殺戮として描いています。『風林火山』に至るまで、何の意味もない殺戮。三船敏郎は戦争が終わったとき、「ざまあみやがれ」ということを言っていますね。そういう諸々に対する強い意識があるから、三船プロダクションで撮った諸々のものは作家性というか情念が色濃く出てる。
町山 子どもたちが戦場に連れて来られて、「こいつらを犬死にさせねえよ」と言って彼らと共に戦う三船さんは、役者としてじゃなく本人自身に見える。
春日 演技に見えなくなってくる。顔がすごい。かっこよくないんですよ。必死さが胸を打つんです。
町山 そうなんですよ。本当にいい映画でね。ミュージカルなだけじゃなくて、コメディですよ。岡本喜八ですから。『沖縄決戦』（第四章参照）でもギャグを入れてくる人ですから。
春日 悲しくなればなるほど人間は笑うものだ、というのが基本的にありますからね、岡本喜八は。

＊15　東宝の女優。『お姐ちゃん』シリーズ（'59〜'63）で人気に。『椿三十郎』（'62）『殺人狂時代』（'67）など。

町山　そうそう。ミュージカルで歌って踊ってギャグも満載で、テンポがよくてアクションは痛快、でも戦闘はリアルでバイオレントで血みどろ。『赤毛』もそうだけど、これぞ岡本喜八の世界。
春日　そして最後に泣ける。全部詰まってる。三船敏郎を語るときは黒澤明を基軸に語られるし、基本的にはそういうものなんですけど、それで正しいんですけど、忘れてほしくないのは三船プロダクションでつくった作品、特に岡本喜八と組んだ作品に三船敏郎のエキスがすごく出ているということですね。

黒澤との離別

町山　この『ＭＩＦＵＮＥ』という映画は副題が「THE LAST SAMURAI」で、三船敏郎を最後の侍に見立てて映画を構成しています。三船はまず志村喬を師匠に修行します。オビ＝ワン・ケノービ（『スター・ウォーズ』シリーズ）ですね。その後、黒澤明を主君として仕えるんですが、途中で主君に捨てられ、主君も亡くなって、三船は浪人になる。そして迷走する。しかし、なぜ主君は彼を見捨てたんですかね。
春日　黒澤明との離別ということですよね。これに関してはいろんな説が出ているんですけど。状況証拠として、黒澤明の映画に出なかったとか出さなかったじゃなくて、出られなかったという物理的な事情だったのかなというのが見えてくるんです。今回そこを改めて分析してみたんですけど。
町山　『赤ひげ』を最後に黒澤明監督の作品に三船さんは出なくなって、三船さんは三船プロダクションで独自の映画をつくっていくんですけど、それでけっこう苦労する。
春日　この二人の関係について基本的に考えなきゃいけないのは、この中でも司葉子[*16]さんとかが言ってましたけど、熟しきった、やりきったという言い方があって、僕もそうだと思うんですよ。最初に黒澤が会った三船は未熟な暴れん坊の青年だったわけですよね。そういう役をずっと黒澤は三船にやらせてきて、それだけでは役の幅が広がらないからということでいろんな役を三船にやらせる。とにかく三船を成長させたいという意識で黒澤はやってきたので、『酔いどれ天使』でチンピラをさせた後は『静かなる決闘』（'49）で医者をやらせたりとか。それで志村喬を横において師匠として見守る。そういう感じで三船を成長させるシステムをつくってきて、それが『隠し砦の三悪人』になって今度は三船がチームリーダーになるんですね。そして『用心棒』で単独のヒーローになり、最終的には黒澤明が全部の理想を込める神様の存在の赤ひげになっていく。黒澤明が三船敏郎を成長さ

＊16　東宝の看板女優。『用心棒』（'61）では小平の女房ぬいを演じた。

せていくという「物語」が『赤ひげ』で完結するんです。ここでこの二人の関係の第一部は完了なんですよ。
町山　『酔いどれ天使』から『赤ひげ』で円を描く。
春日　たしかにやりきってるんですよ。次にやるとしたら、三船を通して黒澤の老いを描く。そこまで待つということがおそらくあったのではないですかね。老いであり死を描くところまで待つことがあったのかなというのが一つある。
町山　でも『影武者』（'80）なんて完全に三船敏郎のキャラクターが元になってるでしょう。もともとは百姓で、でもそれが侍というかお殿様になってしまう。
春日　ですから、この辺りで黒澤としては三船でまたやりたかったのではないでしょうか。そして、『影武者』の前には『デルス・ウザーラ』（'75）があるんです。これは元は三船を予定していた。自殺未遂から戻ってきた黒澤は自分と死の向き合い方や老いの向き合い方を三船を通してやりたかったんですよ。『デルス・ウザーラ』は最初、三船にオファーを出してますから。
町山　『デルス・ウザーラ』はロシア帝国の軍人がシベリアに行く話なんです。全部ソ連で撮ってて。デルス・ウザーラというシベリア人、だからアジア人ですよ、アジア人の老人と出会って心を解放されて救われていく話なんですけど。

春日　ウザーラを街に連れて行ったら、ウザーラは都会で生きられなくなって死んでしまう。このアジア人のウザーラを黒澤は三船にやらせようとしてるんですよね。オファーはしてるんです。
町山　やってたらよかったのにね。
春日　そして、その後の『影武者』もイメージは三船敏郎ですよ。
町山　でしょう？　『七人の侍』の頃から大武将になるまでを一つの映画に込めたのが『影武者』だったと思うんですよね。
春日　それから『乱』（'85）も最初に三船に持っていってるんですよね。
町山　老境の三船敏郎。
春日　あれは三船敏郎を意識した仲代達矢の演技なんですよね。台詞の出し方や愚直な感じですね。

黒澤映画に出られない事情

春日　ではなぜ黒澤は三船敏郎を使わなかったのか。使いたかったんですよ、本当は。松田美智子さんの評伝によれば、黒澤はオファーしてるのに三船側が断ってるんですよ。なぜかというと、三船敏郎は三船プロダクションの社長になってるからです。三船プロダクションの会社の特徴として一つあるのが、当時映画界が落ちてきて閉塞的になった。スターたちは映画会社の専属だったんですね。五社協定があってそれぞれに共演ができないということがあって、それじゃいけないということで俳優たちが独立していくんですよね。日活だと石原プロ、大映だと勝プロ、東映だと中村プロ、東宝でも三船プロができるわけですけど、他のプロダクションはスターとプロデューサーしかいない。だから映画のお金を集めて企画を立てるだけなんですが、三船プロは東宝にいた黒澤組や稲垣組のスタッフを抱え込んで、さらに撮影所まで建てた。
町山 スタジオを抱えた。オープンセットまであった。
春日 そのスタッフの仕事を回さないといけない。撮影所を回すためにも仕事を入れなくてはいけないということで、仕事をし続ける必要性が三船プロにはあった。それで映画をたくさんつくっていったわけです。で、『風林火山』まではずっと当たり続けるんですけど、『赤毛』が不入りに終わる。
町山 『風林火山』のときは武田製薬とものすごいタイアップをやってました。
春日 六九年三月に『風林火山』が大ヒットしてるんですよ。普通その年に大ヒットすればウハウハだと思うのが、六九年一〇月に『赤毛』が不入りになっただけでもう借金を抱えるんですよ。三船自身が「映画製作は大変怖い。独立プロといったってそこらの町工場と変わるところがない零細企業であり、一本の映画がこけると致命傷になる。今は資金繰りに追われてくたびれました」と『キネマ旬報』七〇年一月下旬号でのインタビューで答えています。一本当たっても、次の一本が当たらないとだめな状況になって、次の『新選組』『待ち伏せ』（'70稲垣浩監督）とどちらも当たらなくて、どうしたかというと仕事を回すのにいちばんいいのはテレビなんです。それでテレビのほうに移って『大忠臣蔵』（'71）という忠臣蔵のシリーズを一年やり、その後で『荒野の素浪人』（'72〜'74）という、黒澤明とやった『用心棒』のテレビシリーズ版みたいなことを始めていくわけです。
町山　『荒野の素浪人』では、拳銃使いと仲間になっちゃいましたね。敵だったのに。
春日　そういう状況がある中ですから、黒澤明の話が来ても受けられないんですよ。つまり社長としてはスタッフを食わせないといけないからできない。先ほどの『アサヒグラフ増刊』での橋本忍との対談で『七人の侍』の頃を振り返って言ってるのは「『七人の侍』に出てるときは僕らは年に一本しか仕事ができてない。ギャランティも一本分しか入らない。でもそんなことは皆計算しないで、あの頃は一生懸命やっていた」と。
町山　黒澤映画ってその頃、撮影期間が一年なんですよ。
春日　長ければ二年、三年かかる。
町山　普通は一カ月半くらいですよね。大作でも三カ月ですよ。

春日　結局、一年間拘束されるんですよ。でもギャランティは一本分しかないので役者は苦しいんですよね。『七人の侍』の頃は皆若いし、貧しいから気にしてなかった。ところが三船自身が言ってるのは、「もうあんなことはできない。今だったら一年かかるよと聞いただけで断ってしまう」と。
町山　お金ないもんね。
春日　黒澤映画に出て一年間自分がいなくなっちゃうとスタッフが路頭に迷うことになる。たとえば『風林火山』を三船は稲垣浩とやるんですけど、黒澤は武田信玄が好きだから「あれは俺にやらせてくれ」と自分から手を挙げて来るわけですよ。
町山　アクションシーンだけ演出させてくれと。
春日　最初は全部やらせてくれと言ったけど、やめてくれと言われて、せめてアクションシーンだけやらせてくれと言って。三〇〇頭の馬を使ってやりますから、黒澤が撮ったらそれだけで一年かかる。
町山　そうか。映画人としては黒澤明とやりたいんだけれども、社長としては黒澤明とやったら確実に赤字になっちゃうからできないと。
春日　そうなんです。「黒澤さんとやっていただく力が三船プロにはなかった」という言い方を三船はしてるんですよ。

町山　それは日本映画界そのものが儲からなくなっていったので黒澤さんは映画を撮れなくなってくるんですね。
春日　三船自身が日々のサイクルに追われる状態になってしまったので、もう黒澤明に撮られるわけにいかない。

社長の苦悩

春日　『上意討ち』でも、小林正樹監督も粘って時間がかかる人なんですよ。
町山　順撮りしようとするから。
春日　これに対して三船敏郎は、自分のお金で自分のプロダクションでやってる映画なので怒り出すんですよ。「小林正樹、許さん」と。野上さんの話でも、『上意討ち』で三船さんは絶えず怒ってる顔をしてるというのがありますが、あれはけっこう本気みたいな。司葉子も現場でずっといらいらしてて怖かったと（松田美智子『サムライ』）。それがそのまま映画に出てる。小林正樹とすらもそういう関係になっているので、黒澤とならず言わずもがなで。アーティスト、役者としては三船もやりたかったはずですけど――。
町山　経営者としてはできない。
春日　三船は経営者になっちゃったんですよ。実は黒澤は三船プロをつくる段階で反対してるんですよね。
町山　「君、経営者は向かないよ」みたいな。
春日　まず自分自身が黒澤プロをつくってる経験があるから、プロダクションをつくってやっていくことの苦しさを黒澤はわかってるんですよ。だから止めるんですけど。『椿三十郎』の最後の台詞「いい刀は鞘《さや》に入っているものだ」、あれは黒澤明が自分自身を自虐的に言ってると思うんですよね。あの前に『隠し砦』でお金を使いすぎて東宝を追い出されてしまって独立採算制になってしまって、つまり、つまり鞘を抜いた刀になってしまった黒澤自身を自虐的に語ってる台詞になっていて。つまり、いい刀はちゃんと会社に残ってる人間だと。外に出ちゃったらどんな名刀でもだめなんだという意味をちょっと入れているのかなと思うんです。その台詞をあの映画は三船に向かって言ってるんですよね。まさに社長になろうという時期の。ということは、三船に向けてのメッセージなんじゃないかと。
町山　俳優たちは撮影所システムという封建体制があった頃は活躍できたんだけど、撮影所システムが終わるとばらばらになってしまう。『MIFUNE』は侍の時代の終わりを日本の映画界の終わりにもだぶらせているんですね。

三船とゴジラ

町山　それから、実生活でも志村喬さん夫婦が、両親のいない三船さんを息子のように可愛がっていたんだけど、志村喬さんは『ゴジラ』（'54本多猪四郎《いしろう》監督）で、ゴジラを愛してやまない古生物学者を演じてるでしょ。
春日　同時期に『ゴジラ』と『七人の侍』に出演した人です。
町山　それで、三船さんとゴジラがすごくだぶるんですよ。どちらも世界に知られる存在で、両方とも志村喬に可愛がられ。
春日　七〇年前後に迷走しはじめるあたりも含めて。
町山　ねえ。あとね、三船さんが出た『ゲンと不動明王』（'61稲垣浩監督）が『オール怪獣大進撃』によく似てるんですよ。『ゴジラ・ミニラ・ガバラ　オール怪獣大進撃』（'69本多猪四郎監督）ではいじめられっ子の男の子が夢の中でゴジラと出会って勇気づけられてという話なんですけど、『ゲンと不動明王』はゲンという男の子が夢の中で不動明王と友達になって元気づけられる。不動明王が三船敏郎さんなんですよ。
春日　そこのところも子どものヒーローというか。
町山　あとね、ハリウッド版の『GODZILLA』（'14ギャレス・エドワーズ監督）で、ゴジラの動きを『猿の惑星』シリーズ（'11〜'17）でシーザーを演じたアンディ・サーキス[*17]がアドバイザーをしてるんです。もちろん中島春雄さんの動きを勉強して分析したんですが、イメージとして三船敏郎が演じる侍だって言ってるんですよ。自分の時代は終わったのに、たった一人生き残った孤独な侍なんだと言っている。たしかに『ゴジラ』シリーズって途中からゴジラが去っていく後ろ姿をすごく強調していくんですよ。『ゴジラ対ヘドラ』（'71坂野義光監督）もそうだし『メカゴジラの逆襲』（'75本多猪四郎監督）もそう。三船敏郎もそうでしたね。
春日　『椿三十郎』のラストシーンとかもそうですね。
町山　そうそう。アンディ・サーキスはゴジラに三船をだぶらせたんですよ。
春日　読み取っているわけですね。面白いのは、侍とは何かといったときに、つまり鞘に入っている刀じゃなくて、抜き身の刀なんですよね。つまり戦ってる人間。平和な時代は収まっていて、収まって使ってないからこそ値段の価値は上がっていくわけですけど、でも本当の刀って戦うためにあるし、名刀の価値はないかもしれないけど、その抜き身の刀こそが侍なんですよね。ということを考えると、さっきの孤独なゴジラもそうだし、抜き身の刀だからこそ孤独になってしまうというのがあるかもしれないですね。人が近寄らないから。

童貞感がある
町山　あと、三船敏郎にはラブシーンがない。
春日　黒澤明の映画に関しては黒澤が三船をアイドルとして扱っているので別枠になるんですけど、他の映画でもちょくちょく恋愛要素自体はあるんですよ。特に稲垣浩の映画だと『無法松の一生』（'58）とか『風林火山』とか『宮本武蔵』。恋心を秘めてるんですよ。でも告白できなくてうじうじしてる感じ、これが魅力的というか。
町山　『侍』もそうでした。
春日　三船敏郎の恋愛描写を語るときの一つのキーワードは童貞感。童貞臭いんですよね。この感じが三船敏郎の大きな魅力というか。
町山　『血と砂』でも、自分に惚れた団令子を抱かない。
春日　黒澤映画の三船って『用心棒』とかもそうですけど、ちゃんと大人な気がしますけど、そうじゃないときの特に稲垣浩の映画とかってすごく童貞のにおいがするんですよ。
町山　『或る剣豪の生涯』（'59）[*18]って完全に童貞の役じゃん。
春日　『シラノ・ド・ベルジュラック』ですからね。あと『宮本武蔵』でも、最初に女に

＊17　イギリスの俳優。モーションキャプチャの第一人者。

迫られた時も川に飛び込んでワーと体を冷まそうとするんですよ。自分の性の目覚めに対して戸惑ってる感じとか、「女のにおいは邪魔だ」とかやっちゃう感じとか、童貞のこじれてる感じが多分にする。
町山　『あしたのジョー』とか梶原一騎のスポーツものの主人公たちが必ず童貞なのは吉川英治の影響だって、梶原一騎さんが言ってますよね。つまり剣豪を目指すんだったら女を断ち切らなきゃいけないということで、飛雄馬もジョーも童貞なんですよ。『侍ジャイアンツ』もそうですけど。
春日　錦之助の宮本武蔵に比べて、三船の宮本武蔵のほうがその感じがすごく強い。
町山　桃太郎みたいな着物着てね。
春日　可愛らしいんです。キュートな感じというか。少年が苦しんでる感じとか悩んでる感じが出ていて。そのいちばん代表的なのが『無法松の一生』だと思うんですけど、最後まで操《みさお》を守る。軍人の未亡人である高峰秀子が好きでしょうがないんだけど、自分の恋心すら罪悪感を抱いてしまって、最終的に悲劇にまでもっていくんですけど、そのストイックな感じ。
町山　無法松、子どもが大好きなんですよね。
春日　またその子どもが大人になったときに邪魔者扱いされてしゅんとなっちゃう感じと

か。
町山　『七人の侍』の菊千代も子どもが好きで、子どもと遊んでるときはすごく楽しそう。
春日　はしゃいでる感じのひゃっこらしてる三船敏郎の魅力というのがあって、だんだん黒澤映画の「侍でございます」という感じは……。
町山　だから僕は『赤ひげ』は偉そうすぎで、ちょっとね。

庶民性の人

春日　三船といえば「最後のサムライ」みたいなイメージになりますけど、本人のもっている役者としての魅力は実は庶民的なところとか人情家とかそっちのほうにあったと思いますね。
町山　だから『デルス・ウザーラ』をやったらうまくいったと思う。素朴で優しい人情家の部分を黒澤さんが久しぶりに引っ張り出して、すごくあったかいキャラになったんじゃないか。
春日　そう思いますね。『夢』（'90）での笠智衆《りゅうちしゅう》の役とかいろんなものができたと思うし、

＊18　エドモン・ロスタン作の戯曲。鼻が大きいコンプレックスを持つ男の片恋が描かれる。

ひょっとしたら『まあだだよ』（'93）の先生だって三船敏郎でできたんじゃないかと。
町山　あれ志村喬のイメージだよね。
春日　黒澤が自分自身でこうありたいという理想のイメージ。
町山　志村喬が生きてたらね。
春日　黒澤明が三船と一旦別れた後で組む可能性があったとしたら、そしてまた新たに三船敏郎の魅力を引き出したいと思っていた可能性があったとしたら、老いて孫と戯《たわむ》れる三船敏郎をやりたかったのかなという気がします。稲垣浩がそこをうまく引き出したと思います。アクションとしては諸々の映画はつらいところがありますけど、人情劇としてはとてもよくできている。『風林火山』もそうなんですけど、由布《ゆう》姫に対して恋心を抱きながら、でも主君の側室だからそういう感情を抱いてはいけないと思う感じとか、でも由布姫に対してお父さんのように温かく接する感じとか、そういう感じの三船敏郎は出てます。
町山　硬派なんだけど純情で。
春日　温かい感じというか。あそこがもっと出せていたらよかったのかなと。
町山　『血と砂』で、三船が団令子に頼んで少年たちを抱かせるんだけど、童貞のまま死なせるのはかわいそうだというだけじゃない。少年たちが日の丸や軍旗のために戦えるか？と言うんです。国家みたいな抽象的なもののために戦えるか？戦えないだろうと。でも目の前の愛する女性を守るためなら戦えるだろう、と言うんです。戦わなければ生きられない状況だから。
春日　これはまた別のテーマになっちゃいますけど、岡本喜八監督も童貞喪失が大きなテーマの監督ではあります。やっぱり戦争によって童貞を喪失できなかった少年がいたということにアイロニーを持っていた人だから。それで『肉弾』（'68）という映画を自伝的につくるときに童貞喪失を大きな柱にもっていく。
町山　岡本喜八監督と三船さんは、映画のつくり方がわかりあえる仲間みたいな感じだったみたいですね。
春日　岡本喜八監督としても、三船とだからできた映画でもあるんですよね。他の映画だったらもっと軽妙で軽いタッチだったりするのが、重厚な悲劇にしていくというのは三船との映画くらいだし、三船もまた岡本喜八だからこそそういう部分の自分自身の持っている情念を出せたと言えます。本数は少ないですけど最高のコンビだったとすら思えてきます。

司令官・三船

春日　『赤ひげ』以降、超然とした役柄が増えていく中での軍人役も重要です。『血と砂』

は前線の兵ですけど、そうじゃなくて司令官役者になっていく。
町山　そうそう。『太平洋奇跡の作戦　キスカ』（'65 丸山誠治監督）がありますね。
春日　『キスカ』、『日本のいちばん長い日』の阿南《あなみ》陸軍大臣で、それから『日本海大海戦』（'69 丸山誠治監督）の東郷平八郎。
町山　軍人をやるときも、いつも三船がやる軍人は人情家で、仲代達矢がやるのは冷酷な士官。
春日　『連合艦隊司令長官　山本五十六《いそろく》』（'68 丸山誠治監督）もそう。
町山　三船演じる山本五十六は完全に反戦。戦争に反対するんです。一貫してますね。
春日　そうですね。阿南もそうですよね。
町山　阿南陸相は敗戦の責任をとって切腹するんですけど。
春日　なんで無条件降伏するかというと、前線にいる兵士が帰れなくなるからという、そこで粘るわけですね。
町山　それと今まで戦って死ねと言ってきたのに嘘になっちゃうじゃないかと。
春日　一九七〇年前後の大作映画における司令官・三船というのも、三船敏郎の魅力を語る上で忘れちゃいけないんですよね。
町山　そう。『キスカ』と『山本五十六』と阿南陸相と東郷平八郎。常に心の中では戦争に反対していて、兵士のことを何よりも大事に思っている。常に一貫したキャラクター。
春日　そのへんが第二期三船のイメージをつくっていった。そのスタートはおそらく『赤ひげ』だった気がするんです。髭を生やしてドーンと構えて。
町山　そうかそうか。ヒューマニストで。
春日　堂々と構えて若者を見守っていくという役柄ですから。黒澤明がキャラクターを見つけて、三船がそれを広げていく。そういう図式もあったんだろうなと思います。
町山　ただやっぱり『ＭＩＦＵＮＥ』の中でも出てくるし、土屋嘉男さんも言ってたように、黒澤明さんがつくり上げたあまりにも偉大な三船敏郎というキャラクターは三船さんにとってはある程度重荷で、人格が分裂していくようなところがあって、お酒でかなり失敗したと。それは彼自身が周りの人に気を遣って、しかも偉大な人物を演じなくてはいけないという中で、すごく抑圧されたものがお酒という形で噴出したんだろうなと。
春日　黒澤監督の家の前で怒鳴ったりとかね、そういうのが話として残ってますね。
町山　みんな近所に住んでいた。
春日　成城界隈に住んでました。監督の無理な要求を聞いてばかりいたので、酒飲んだときに相当ストレスが出ていったんでしょうね。
町山　圧《お》し潰されてたものが出ちゃったんだろうなと。岡本喜八監督の映画にずっと出てたらそんなことにならなかったんだろうなと。素だから。
春日　映画の中で思いをぶつけられましたからね。そこが役者の自意識とか生き物の難しいところなんでしょうね。完璧なスター像に自分で辿り着いてしまったために、そこから抜けるのもまた難しくなってしまって。

こんな三船を見たかった

町山　丹波哲郎みたいに楽しくやってられなかったんですね。
春日　大スターになっちゃうと背負わなきゃいけないものが大きくなってきますからね。イメージもついちゃうし。「侍・三船敏郎」というイメージがありますからね。
町山　「世界のスター」だからね。やっぱり後ろ姿がすごく印象にある感じです。特に『椿三十郎』なんてそうですけど、その肩にいろんなものがのしかかっていたんだろうなと。
春日　実は山田洋次の『男はつらいよ 知床慕情』（'87）であったりとか、テレビの『山河燃ゆ』（'84）とか、普通のおっさんをやってるわけじゃないですか。
町山　すごくリラックスしてる。
春日　こういうのがチャーミングでいいんですよ。本当はもっとそういうのがやりたかった人なのかもしれない気がします。若山富三郎的な転身ができていれば、もっと違う役者としての道があったかもしれませんけど。
町山　山田太一[*19]と組んでいればよかったのに。山田太一さんは一生懸命しゃっちょこばってスターやってる人たちの方の荷を下ろしてあげる人でしたね。
春日　あるいは倉本聰《そう》であったり。
町山　そう。山田太一は、いつも特攻隊を語って聖人ぶってた鶴田浩二にスケベな親父の役をやらせてねえ。
春日　テレビドラマ『シャツの店』（'86）の鶴田浩二は素晴らしいですけど、たぶん三船敏郎でもやれたかなという気もします。そういうところも含めて、三船敏郎のいろんな可能性とｉｆを感じてしまいます。
町山　やっぱり五社協定の崩壊からの三船プロ運営ということが、日本とか世界の映画界にとって不幸なところでもあったとも思います。
春日　すごく難しい選択を選んでしまった。

＊19　松竹退社後、『岸辺のアルバム』（'77）『ふぞろいの林檎たち』（'83）など数々のテレビドラマを手掛ける。

町山　各社のトップ・スターがプロダクション経営しなきゃいけなかったから。
春日　特に三船はスタッフを抱えちゃいましたからね。それはやっぱり責任が違いすぎましたね。自分名義の撮影所まで持っちゃいましたからね。三船の凛々しい侍姿の裏側にあるアイロニーを感じてくれるといいのかなと思います。

おわりに──日本で戦争映画を楽しむために

──映画は、何も知らずに観ても面白い。でも、知ってから観ると一〇〇倍面白い。観てから知っても一〇〇倍面白い！──

このシリーズの一巻目となる「時代劇編」の冒頭にも記したが、これは、町山さんのツイッターのアカウントにおけるプロフィール欄に掲げられている一文である。言うならば、「映画評論家・町山智浩」の基本テーゼともいえるだろう。

そして、この点において私は全くの同志である──と言い切ることができる。

こと、旧作映画に関していえば、製作背景やそこに至る文脈、当時の作り手や演じ手たちの立ち位置や受け止められ方が分からないと、いざ見てみても何がなんやら理解できないということも少なくない。また、その「分からない」という部分が「とっつきにくさ」を招いてしまっているというのもあるだろう。

それがさらに「旧作の時代劇」となるとそのハードルはさらに高くなるし、戦争映画に関しても同様のことがいえる。

日本は敗戦国である。国土も国民も甚大な被害を受けた。そのため、戦争を描くとなると、どうしてもウエットで悲劇的な内容になってしまう。しかも、この国の起こした戦争の歴史的背景のために、欧米のように「敵＝《ナチス》という明確な《悪》に立ち向かう」というエンターテインメント性のある分かりやすい構図で戦争を描きにくい。

そうした状況が、作り手側も受け手・語り手側も「戦争映画」を「娯楽」として捉えることから遠ざけてきた。結果、必然として、イデオロギーや社会性で語られることが中心となる。「かつての戦争映画」＝「戦争の悲惨さを学ぶための教材」という捉えられ方をされるようになり、そのことが多くの新しい世代の観客にとっての「とっつきにくさ」を生む一因になっていることは否めないだろう。

もちろん、そうした視点も重要ではある。ただ、それだけではよくない。映画はあくまで「娯楽」である。観客が楽しむ（「感動する」「涙を流す」も含まれる）ための媒体なのだ。たとえ戦争映画であっても、そこの視点は外してはならない。そして楽しむための補助線として欠かせないのが、製作背景を「知って」もらうこと。そう常々思ってきた。

それだけに、町山さんがメインを務めるＷＯＷＯＷ『町山智浩の映画塾！』を始めとする映画解説イベントにゲスト出演させていただきながら、そこで取り上げられる戦争映画を語る機会を得たのは「渡りに舟」といえた。町山さんの軽やかな進行もあり、分かりやすく、楽しく、「娯楽としての戦争映画」の魅力を伝えることができたのでは、と自負している。

取り上げてきた作品はいずれも、「日本の戦争映画」を語る上で欠かせない、不朽の名作ばかりである。それぞれに異なる視点、描き方で「戦争」を捉えた作品になっており、その豊かな多様性に触れていただけるはずと思っている。

今回は戦争映画だけでなく、『日本沈没』『新幹線大爆破』というパニック超大作も二本入れている。これはいずれも、戦中派世代の作り手たちが戦争体験を踏まえてパニック状況を描いた作品であるため、本著の文脈の中に自然と溶け込めるだろう――と判断したことによる。そして、最後に三船敏郎のドキュメント映画も入れた。なぜ「時代劇編」ではなくここなのか。その理由は、お読みいただくとご納得できるのではないかと思う。

手に取った方が、日本の戦争映画を「一〇〇倍面白い」と思ってもらえたのなら、何よりの幸いである。

最後に、WOWOW『町山智浩の映画塾!』スタッフの皆様、『午前十時の映画祭』の皆様といった各イベント関係者の皆様、業界でも名うての厄介な書き手ふたりの作業をまとめてくれた河出書房新社の岩崎奈菜さん、そして町山さん。心より御礼を申し上げます。

二〇一九年六月　　　春日太一

初出

本書は左記の町山智浩・春日太一による対談を書籍化いたしました。
第一章　ＷＯＷＯＷ『町山智浩の映画塾！』「終戦70年　戦争映画特集［『人間の條件』一挙放送編］」二〇一五年一〇月一五日（予習編）、一〇月一九日（復習編）ＷＥＢ公開
第二章　ＷＯＷＯＷ『町山智浩の映画塾！』「『兵隊やくざ』全9作品」二〇一六年一月二二日（予習編）、二〇一六年二月五日（復習編）ＷＥＢ公開
第三章　ＷＯＷＯＷ『町山智浩の映画塾！』「『日本のいちばん長い日』終戦特集」二〇一七年八月七日（予習編）、八月一三日（復習編）ＷＥＢ公開
第四章　ＷＯＷＯＷ『町山智浩の映画塾！』「『激動の昭和史 沖縄決戦』」二〇一五年一〇月一三日（予習編）、一〇月一五日（復習編）ＷＥＢ公開
第五・六章　ＷＯＷＯＷ『町山智浩の映画塾！』「緊急事態！日本列島大パニック『日本沈没（1973）』『新幹線大爆破』」二〇一七年一二月一三日ＷＥＢ公開
第七章『MIFUNE: THE LAST SAMURAI』トークイベント、二〇一八年五月六日公開対談

作品データ参考サイト

文化庁「日本映画情報システム」（https://www.japanese-cinema-db.jp/）
キネマ旬報社「KINENOTE」（http://www.kinenote.com/main/public/home/）
古崎康成運営「テレビドラマデータベース」（http://www.tvdrama-db.com/）

注作成協力

松崎まこと

河出新書 011

町《まち》山《やま》智《とも》浩《ひろ》・春《かす》日《が》太《た》一《いち》の日《に》本《ほん》映《えい》画《が》講《こう》義《ぎ》

戦争《せんそう》・パニック映《えい》画《が》編《へん》

二〇一九年七月二〇日 初版印刷
二〇一九年七月三〇日 初版発行

著者 町《まち》山《やま》智《とも》浩《ひろ》 春《かす》日《が》太《た》一《いち》
発行者 小野寺優
発行所 株式会社河出書房新社
〒一五一－〇〇五一 東京都渋谷区千駄ヶ谷二－三二－二
電話 〇三－三四〇四－一二〇一［営業］／〇三－三四〇四－八六一一［編集］
http://www.kawade.co.jp/
マーク tupera tupera
装幀 木庭貴信（オクターヴ）
印刷・製本 中央精版印刷株式会社
Printed in Japan ISBN978-4-309-63111-0
落丁本・乱丁本はお取り替えいたします。

町山智浩・春日太一の日本映画講義

時代劇編

町山智浩 春日太一
Machiyama Tomohiro Kasuga Taichi

映画は知ってから見ると
百倍、面白くなる!
日本の映画語りを牽引する二人が
『七人の侍』『宮本武蔵』『子連れ狼』
『竜馬暗殺』『人斬り』など
必見時代劇の魅力と見方を教えます!

ISBN978-4-309-63109-7

河出新書
008

考える日本史

本郷和人
Hongo Kazuto

「知っている」だけではもったいない。
なによりも大切なのは「考える」ことである。
たった漢字ひと文字のお題から、
日本史の勘どころへ——。
東京大学史料編纂所教授の
新感覚・日本史講義。

ISBN978-4-309-63102-8

河出新書
002

歴史という教養

片山杜秀
Katayama Morihide

正解が見えない時代、
この国を滅ぼさないための
ほんとうの教養とは——?
ビジネスパーソンも、大学生も必読!
博覧強記の思想史家が説く、
これからの「温故知新」のすすめ。

ISBN978-4-309-63103-5

河出新書
003

東大流
「元号」でつかむ日本史

山本博文
Yamamoto Hirofumi

古来より日本人の祈りが込められた「元号」。
そのひとつひとつには、
懸命に生きた人々の濃密なドラマがあった。
「大化」から「令和」までを
一気に読みとく!
東大名物教授による超・日本史講義。

ISBN978-4-309-63110-3

河出新書
009

愛国という名の亡国

安田浩一
Yasuda Koichi

愛国のラッパが鳴り響く。
敵を見つけろ、敵を追い出せ、敵を吊るせ、と。
『ネットと愛国』から七年、さまざまなヘイトの
現場を取材してきた著者が
劇的にすすむ日本社会の極右化の
実態をえぐる渾身の力編。

ISBN978-4-309-63108-0

河出新書
010